KB270329

먹만 남다

먹만 남다

먹만 남다

슬프고 아름다운 한글서예 이야기

홍순관

PUNG WOL DANG

서예에서 결국 남는 것은 먹이다
먹이 글씨가 되어 남는다
먹이 뜻이 되어 남는다
먹이 '그 사람'이 되어 남는다
그리하여
먹을 함부로 종이에 남길 수 없다

오늘도 나는
벼루를 내어 느 릿 느 릿
먹을 갈고
붓을 들어
글씨를 씁니다.

한글을 사용하며, 동시대에
함께 사는 우리들을 향해
슬프고 아름다운
한글서예를 씁니다.

열 살 되던 해 아버지께 글씨를 배웠다. 아버지는 글씨부터 배워주시지 않고 글씨 쓰시는 당신 모습을 오랫동안 지켜보게 했다. 한 가지 맡은 일이 있었다. 파지를 접어 손에 들고는 붓이 지나간 자리에 번지는 먹을 더 이상 퍼지지 않도록 하는 일이다. 어떤 글씨는 먹이 아무리 많이 퍼져도 "그냥 놔둬라" 하셨고, 또 어떤 글씨는 붓을 떼자마자 이내, "찍어라" 하셨다.

시간이 가며 절로 알 수 있었던 것은 흰 종이 위로 먹이 지나간 후에 남는 여백이었다. 한 글자 속에 있는 공간들, 글씨와 글씨 사이를 잇는 보이지 않는 선, 글씨를 둘러싼 예민한 둘레, 붓이 지나간 뒤의 여운, 붓이 만든 종이 위의 길이 보이기 시작했다.

그렇게 먼저 가 있었다. '글씨라는 마을'이다. 음식으로 말한다면, 재료와 조리방법을 먼저 가르치는 것이 아니라, 여러 가지 음식을 골고루 먹여본 다음 그 맛을 찾아가도록 하는 거다. 혀는 이미 섬세하고, 재료를 고르는 눈도 꽤 민첩하다. 괜한 고민이 없으며, 쓸데없는 시간낭비가 줄어든다. 그렇게 글씨를 배웠다.

그리하여 단순한 획 긋기도 지루하지 않았고, 반복되는 수련도 재미있었다. 그 획이 어떤 글씨가 될지 알았기 때문이다. 그 반복이 얼마나 힘 있는 글씨가 될지 알았기 때문이다. 열 살 그때, 먼저 가 있었던 글씨라는 마을이다.

먹은 물이 있어 가능하고 붓은 먹이 있어 가능하다. 먹은 또한 벼루가 있어 가능하고 먹과 붓은 종이가 있어 가능하다. 이토록 떨어질 수 없는 벗도 드물다.

먹은 물의 유머요, 붓은 먹의 조크다. 먹과 붓은 종이 위에 펼쳐지는 유머의 파문이다. 이 유머는 시간과 세월이 지나야 춤을 춘다. 누르고 들고 찍고 퍼지고 갈라지고 물들고 머금고 마르고 흐르고 꺾고 멈추고 지나가는 종이 위의 길이 익숙해질 때 글씨를 알게 된다.

먹을 찍은 붓은 종이 위의 길을 따라가고 그 길은 글씨가 된다. 먹은 종이의 숲속으로 갈래갈래 파고든다. 종이의 우주 속으로 스며든다. 결과 결 사이로 밀물이 몰려오듯 스미는 먹은 경이롭다. 먹과 종이가 만나는 순간, 들뜨지 않은 신비로움이 펼쳐진다. 그렇게 스미고 퍼지는 종이의 길이 글씨가 된다. 결국, 글 쓰는 이의 마음이 써지는 것이지만 종이 위의 길은 늘 그 이상으로 데려다준다.

그 길은 글을 쓰는 이가 이미 마음으로 걸어간 길이다. 한 번 걸은 길이 아니라, 걷고 또 걸은 길이다. 마음으로도 걸었고 붓으로도 걸어보았던 길이다. 그러나 걸었던 길이라도 종이 위에 남아 있지 않기에 버릇처럼 걸어서는 아니 된다. 또 처음 걷듯, 또 처음 걷듯, 또 처음 걷듯 걸어야 한다.

종이 위의 길은 아무리 오래 걷고, 아무리 많이 걸었어도 걸을 때마다 새 길이요 걸을 때마다 낯선 길이다. 사람이 가진 지문처럼 종이도 수백갈래 수천갈래 수만갈래 그 길이 다르다. 그러나 종이는 오래 걸었던 붓을 알아보고 기꺼이 길을 내준다. 붓으로 걷는 이 길은 마침내 글씨를 찾아간다.

꼭 한지만은 아니다. 화선지, 닥종이, 갱지, 모조지, 도화지, 신문지에도 붓의 길은 있다. 종이마다 다른 길이 다른 글씨를 만든다.

서예는 종이 위의 길을 알아가는 공부다.

먹을 가는 일은 숨을 쉬는 일이다. 먹 가는 일은 글씨를 쓰기 위한 숨을 쉬는 일이다. 그리하여 먹을 갈 때에는 고요한 세상이 열린다. 마음을 멈춘 거다. 발을 딛고 사는 세상과 나뉘어, 조금 다른 시간과 공간에 있는 느낌이다. 노동이 으레 그렇듯 먹을 가는 일도 단순하고 반복적이어서 먹을 갈 때면 절로 입이 다물어진다.

먹을 갈 때에는 그냥 생각이 없어진다. 시공간에서 먹을 갈고 있는 존재와, 먹을 갈고 있다는 행위만이 확인될 뿐이다. 하긴, 그것도 가끔 잊어버릴 때가 있다.

생각이 없어진다는 것… 바로 이 지점이 어쩌면 글씨를 쓰려고 들어서는 첫 문일지도 모른다. 먹을 갈기 전과, 먹을 갈기 시작한 후는 이미 다른 세상이다. 아득한 곳에서 온 듯도 하고 그곳에 가 있는 듯도 하다. 일상에서 쌓인 번잡함과 시끄러움도 슬며시 사라진다. 잊으려고 잊는 것이 아니다. 그냥 잊어진다. 그냥 사라진다. 먹을 갈면서 일상과 사이가 생긴다. 단절이라기보다는 멀어짐이요, 멀어짐이라기보다는 무심함이다. 무명초가 한가롭게 바람이나 만들듯, 먹을 갈며 고요히 붓을 기다린다.

먹을 갈며 무심해지는 까닭은 먹물이 보여주는 색이 크게 작용한다. 한 가지 색에서 가장 다양한 색을 보여주는 것이 초록이라지만, 글씨를 쓰는 이들에겐 검정이라는 색이 주는 깊은 매력이 있다. 검정은 천지를 덮어주는 자비로운 어둠과, 쉼을 주는 그늘이 담겨 있으며 드러나지 않는 그윽함이 스며 있다. 아늑한 현묘함이 마음을 정숙하게 한다. 그러나 먹색에는 사실 이 세상 모든 색이 들어 있다. 풍요롭고 변화무쌍하며 심지어 화려하다. 푸르고 붉고 희고 검은, 세상 사정이 다 들어 있으니 도리어 무심한 숨을 쉬게 된다.

연지에 담긴 먹물은 붓을·기다리고, 그 붓은 글 쓰는 이의 뜻을 기다린다. 먹을 갈며 무심함으로 세상을 향한다.

먹을 가는 일이 숨을 쉬는 일이라면, 글씨를 쓰는 일은 숨을 쓰는 일이다. 그 숨은 마음이요, 정신이다. 글씨는 종이에 머물러 있지만 그 뜻은 살아서 숨을 쉰다.

숨을 쓴 것이 글씨이니 그런 글씨는 숨을 쉰다. 글씨가 읽는 이의 마음을 움직이는 것은 글씨가 숨을 쉬는 까닭이다.

문자가 생기기 전, 오고가던 말의 숨이다. 생각의 숨이다. 오래된 숨이다. 오래된 숨은 오래간다. 숨 안에 있는 정신과 마음은 곧, 바람 같은 것이어서 사라지지 않는다. 없는 듯 있어 내내 이어진다. 그리하여, 숨 같은 글씨는 오래간다.

먹을 가는 일은 이 세상에 새로 생길 글씨를 만나러 가는 첫걸음이다. 먹을 갈면서 무거운 일상에서 무심한 세상으로 건너간다. 먹을 갈면서 생기는 무심함은 노동의 단순함에서도 오지만, 그윽한 묵향이 한몫한다. 묵향은 그냥 냄새만으로 그치지 않고 서예를 대하는 마음과 자세까지 다잡는다. 깊고 짙은 먹색에서 나는 향은 나무그늘 냄새 같아 묵묵한 묵상에 잠기게 한다.

묵향은 먹을 갈 때 비로소 생긴다. 담담한 노동에서 나오는 만큼 그 향은 순하면서 깊다. 묵향은 그래서 밥 냄새 같다. 정성스레 쌀을 씻고 안친 밥은 마침내 솥 안에서 뜸을 들이며 밥내를 풍긴다. 지긋한 향이다. 들판냄새 바람냄새 농부냄새가 거기 있다. 밥을 짓지 않으면 밥내를 모른다. 이미 만들어진 밥에선 향을 맡기 어렵다.
먹을 갈 때 생기는 묵향은 노동의 향이요, 그로 인한 묵상의 향이다. 그 은은한 향기가 외로운 '서예길'을 걷게 하는 그리움 같은 것인지도 모른다.

먹만 남다

서예에서 결국 남는 것은 먹이다. 먹은 글씨요, 글씨는 뜻이다. 뜻도 글씨도 먹이 없다면 아무것도 남지 않는다. 글씨의 획을 긋기 위해 붓이 지나간 자국은 빠름과 느림, 셈과 여림으로 남는다. 빨리 지나간 곳과, 잠시 멈춘 곳과, 머문 곳과, 다시 움직인 곳이 때론 은근히 때론 뚜렷이 보인다. 이렇게 획이 지나간 시간에서 붓을 들었던 사람의 시간도 그대로 남게 된다. 먹이 있어서다.

붓을 빌려 먹이 보인다. 먹을 빌려 뜻이 보인다. 종이에는 붓이 보이지 않고 먹만 남는다. 끝내 먹으로 인해 뜻이 남는다. 이처럼 인생도, 그 몸이 사라진 후에 그가 행한 일만 남는다. 그 뜻만 남게 된다.
먹이 글씨가 되어 남는다. 먹이 뜻이 되어 남는다. 먹이 '그 사람'이 되어 남는다. 그리하여 먹을 함부로 종이에 남길 수 없다.

먹을 갈 때에는 붓을 들지 않고도, 이미 텅 빈 종이에 '말없는 말'이 가득하다. '쓰지 않고 쓴' 글씨다.

자, 다시 먹을 갈며 텅 빈 종이, 그 여백의 공간에 아직 쓰지 않은 글씨를 써 내려간다. 시뮬레이션을 과학자나 물리학자만 하는 것은 아니다. 글씨 쓰는 이들도 손가락으로 허공에 이불에 책상 위에 어디든 무한반복 쓰고 지우고 또 쓴다. 글씨는 그렇게 구상되며 진화한다. 눈에 보이지 않는 글씨다. 글씨 쓰는 이의 마음에 새겨지고 각인되어 있는 비밀스럽고 신비한 글씨다. 이 글씨들을 품고 다시 종이로 시선을 옮긴다. 그리고 붓을 든다.

말없는 말과 쓰지 않고 쓴 글씨를 옮기기 위해서다. 하지만 어떤 문장으로도 또, 어떤 조형으로도 쓰지 않고 쓴 글씨는 못다 쓴다. 선험적 언어, 곧 말없는 말을 구체적 언어에 모두 담기는 어렵다. 하지만 도리어 그것이 평생 글을 쓸 수 있는 원천적인 동기가 된다.

예술은 들리지 않던 것을 들리게 하며, 보이지 않던 것을 보이게 한다. 쓰지 않고 쓴 글씨를 종이에 담을 수만 있다면, 내일은 쉬어도 좋을 것이다.

물은 모든 세상을 담는다. 물이 다른 것을 모두 담을 수 있는 까닭은 제 모습과 제 색깔이 없어서다. 제 것이 없어서 다 있다. 세상이 제 얼굴을 물어도 답은 않고 물은 비추기만 한다. 흐르는 시간을 담고 스스로 알게 한다.

그리하여, 물은 기꺼이 먹이 된다. 돌에 갈리고 또 갈리어 먹이 된다. 먹은 글씨가 되고 뜻이 되고 결국, 먹만 남는다고 했는데 그것은 물이 있어 가능하다. 물은 먹이 되어 사람의 시간을 기록한다. 그리하여 먹의 시간은 역사가 된다.
글씨를 쓰는 이마다 다른 글꼴과, 다른 이야기가 물이라는 착한 매개체를 통해 종이 위에 남는다. 물은 먹이 지녔던 글씨들의 얼굴을 마침내 알게 한다. 그리고 '나'를 알게 한다.
서예에서 먹―물―은 이 세상 전체의 글꼴이요, 이 세상 전체의 이야기다.

먹은 한지를 만나

한지는 먹을 마다않고 온전히 받아들인다. 먹을 한지보다 더 드러나지 않게 흠뻑 받아들이는 종이는 없을 것이다. 개미가 제 몸의 몇 곱절 되는 무게를 짊어질 수 있는 것처럼, 한지는 가볍고 얇은 제 몸으로 놀라울 만큼 많은 양의 먹을 한껏 품는다. 함부로 먹을 번지게도 하지 아니하고, 헤프게 퍼뜨리지도 않는다. 지나친 번짐으로 붓의 길을 잃게도 하지 아니하고 야속하게 먹을 밀어내지도 않는다. 그냥 지긋이 머금는다. 그렇게 붓이 거짓으로, 가식으로, 과장으로 가는 길을 막아준다.

한지는 그 자체로 큰 자연이다. 나무가, 물이, 햇볕이, 바람이 종이가 된다. 한겨울 닥나무에서 시작되는 한지의 길은 수도자의 고행과도 같다. 한지의 무게는 가볍지만 노동의 무게는 자못 무겁다. 제 몸에 들어 있던 것들을 덜어내고 증발시키고 말리어 그토록 가벼운 존재가 된다. 사람의 시리고 갈라진 손으로 백번이나 되는 공정을 지나 종이 한 장이 태어난다. 빛과 바람과 수분이 그 촘촘한 결 사이로 자유롭게 드나든다. 노동

과 자연이 어우러진 춤이다. 자연 그대로인 종이는 그리하여
자연처럼 오래간다. 한지는 사람의 뜻을 품어 천년을 산다.

26

내 몸에 맞는

중학교 때다. 성악콩쿠르대회를 준비하며 음악선생님께 노래를 배웠다. 여름에서 가을까지, 3년 내내 선생님은 무리하지 않으시면서 세심하고 꼼꼼하게 가르쳐주셨다. 열네살열다섯살열여섯살 그 시절, 감성과 정서는 노래연습과 함께 자라났다.

노래로 조금이라도 억지를 부리거나, 무리해서 목소리를 낼 때에는, 잠시 내 노래를 멈추시고 '자연스러운 노래'가 좋다고 하셨다. "네 몸에서 나오는 그대로 노래하는 거야."

몸과 노래가 하나가 되라는 말씀이었다. 대회에 나가서도 수수하고 무던하고 소박하게 노래했다. 꾸미지 않고 노래한다는 것이 얼마나 어려운 것인지, 또 얼마나 아름다운 것인지 그렇게 배웠다. 내가 부르는 노래가 곧 나다. 글씨가 곧 나인 것과 다르지 않다.

걸어도 내 빠르기가 있고, 말을 하여도 내 높낮이가 있다. 노래를 불러도 내게 맞는 노래가 있고, 글씨를 써도 내게 맞는 글씨가 있다. 흉내와 부풀림, 꾸밈과 뽐냄은 온전한 내가 아니다.

글씨는 나를 쓰는 것이다. 내 몸과 마음에 맞는 글씨가 내 글씨다. 내게서 자연스럽게 나오는 글씨가 내 글씨다. 산 만큼의 나를 쓰는 것이다.

자연스럽다는 것은 내 몸에서 오래되었다는 말이다.

노래할 때 나는 늘 눈을 감는다. 눈을 감는 것은 관객보다 먼저, 내가 내 노래를 더 잘 듣기 위해서다. 눈을 감고 부르는 노래는 나를 향하여 나를 부르는 것이다. 눈을 감으면 상상력을 펼치는 데 수월하다. 노래를 부르면서도 상상을 하며 노랫말로 그림을 그릴 수 있다. 그 그림이 노래가 된다.

눈을 감고 글씨를 쓸 수는 없으나, 눈을 감은 듯 쓸 수는 있다. 계산하지 않고 꾸미지 않고 붓에 흐름을 맡긴다. 맡긴다는 것보다는 하나가 된다. 쓰는 동안 딴마음 없이, 딴생각 없이 오직 쓰는 문장과 글씨와 붓과 내가 하나가 된다. 한 획을 쓰는 그 짧은 시간에서도 상상력은 생명처럼 움직인다. 숨처럼 고요하고 민감하게 움직인다. 그 상상력이 그 다음 글씨를 낳는다. 나에게서 나온 글씨이지만 나도 잘 모르는 글씨다. 상상력은 가끔, 모르는 나를 알게 한다. 그것이 또 나다. 그러면 어느새 글씨는 내가 되어 종이에 남는다.

잘 쓰려고 애쓴 글씨는 좋은 글씨가 되기 어렵다. 그것은 기어코 보여주려고 한 것이기 때문이다. 그냥 나를 쓰면 된다. 아주 작은 차이지만 매우 먼 거리에 있는 마음가짐이다.

눈을 감는 것은 내가 나를 보는 일이다. 눈을 감은 듯 쓰는 글씨는 내가 나를 쓰는 일이다.

노래 한 마디를, 노래 한두 곡을 잘 부른다고 가수가 되는 것은 아니다. 공연 전체에서 노래 부르는 힘을 보고 가수인 줄 안다. 공연 전체를 끌고 가는 솜씨와 음반 전체를 들어보고 안다. 또한, 몇 년을, 몇십 년을 어떻게, 무엇을 노래했느냐를 보고 가수인 것을 안다.

인생도 다르지 않다. 몇 가지 훌륭한 일이 두드러지고 돋보일 수 있다. 그러나 묘비명에 적힌 문장처럼 살다 간 인생은 없다. 어떤 날이요, 어떤 부분이다. 삶 전체는 곁에서 함께 살던 사람들이 안다. 무엇보다 그 인생을 산 자신이 안다. 전체를 알기 때문이다.

글씨 몇 자를 잘 쓴다고 명필은 아니다. 작품 전체를 보고 안다. 글자와 글자, 행과 행, 문장과 문장이 어떻게 이어지고 또 어떻게 마무리되는지를 보고 글씨를 안다. 몇 년을, 몇십 년을 어떻게, 무엇을 써왔는지를 보고 안다. 글쓴이와 글씨, 그 '전체'를 보고 안다.

대학 때, 소조를 하며 서예의 획을 생각했다. 만드는 것은 토우였고, 그 질감은 흙이었으며, 터치는 붓과 같았다. 손바닥 전체로 흙을 쥐고 밀어 올리며 획을 떠올렸고, 끌어내리며 글자를 생각했다. 붓으로 획을 긋듯 흙을 붙여나갔다. 붓처럼 손을 썼고, 먹처럼 흙을 썼다. 흙으로 붙여나가는 것이 '붓길'과도 같았다. 힘과 속도, 리듬감과 셈여림의 변화로 형상을 구성했다. 종이에 먹은 평면이지만, 마치 조형물처럼 보인다. 글씨를 이루는 뼈대와 살, 그 획과 기운을 보면 부피와 질량과 무게마저 느껴진다.

그렇게 흙은 먹이었고, 손은 붓이었다.

그
냥

'그냥'이라는 말은 퍽 아름답지만 그만큼 어렵다. 숨처럼 이어야 하기 때문이다. 바람처럼 이어야 하기 때문이다. 아침처럼 이어야 하기 때문이다.

글씨를 그냥 쓴다는 말은 숨처럼 무심히 써야 한다는 말이다. 늘 곁에 있는 바람처럼 한결같이 써야 한다는 말이다. 밤이 지나면 어느새 와 있는 아침처럼 써야 한다는 말이다. 고독함을 지나 깨어나듯 써야 한다는 말이다.

글씨는 숨 쉬듯 그냥 써야 한다. 나무가 그늘을 만들듯 나도 모르게 써야 한다. 그래서 글씨는 어렵다. 그리하여 글씨 쓰는 일은 참 아름답다.

지구에서 인간이 오랜 세월 살아남을 수 있었던 근거는 다름 아닌 '문자'다. 신체 조직으로는 그 어떤 정교하고 세밀한 기계장치도 비교할 수 없을 만큼 첨단의 몸을 지닌 인간이지만, 그들의 문명 없이 자연 속으로 들어가 산다면 하루도 버티기 힘든 생명체다. 훌륭한 장치를 지닌 몸이 쓸모없이 버려지지 않고 살아남을 수 있었던 것은 문자를 만들어낸 지혜에서 비롯된다. 정교한 도구가 진화하고, 인간다운 삶을 누린 것도 문자가 있어서다. 기록과 공유가 진전하는 인간역사의 뿌리가 되었다.

그것은 자연에서 얻어낸 열매 같은 것이다. 자연이 들려주는 소리를 듣고, 자연이 침묵하는 소리를 들을 줄 알았기에 인간은 문자라는 문명을 만들어낸다. 그림으로든, 문자로든 기록했던 모든 인간의 언어들은 고대의 풍경과 현대의 일상을 그대로 담고 있다. 오늘 붓을 움직인 짧은 시간 안에 모든 인류의 시간이 응축되어 있다.

그리하여 글씨를 쓴다는 것은 인간역사를 쓰는 일이다. 인간 존자를 쓰는 일이다. 오래된 시간을 지나 지금 여기 있는 나를 쓰는 일이다.

'글씨'라는 말은 참 아름답고 신비하다. 글속에 '씨'가 들어 있다는 말이다. 그렇다면 '말씨'는 말속에 씨가 들어 있다는 뜻이요, '마음씨'는 마음속에 씨가 들어 있다는 말이다. 씨는 근본이며, 뿌리가 되는 알맹이고, 열매로 가는 처음이다. '마음속 씨'와 '말속 씨'가 만나서 피어나는 열매가 글씨다. 그리하여 글씨는 씨도 되고 열매도 된다.

종이에 글속 씨가 뿌려져 잎이 돋고 꽃이 핀다. 글씨는 말을 그려준다. 공간에 있던 말을 눈에 보이도록 옮겨오면 글씨다. 글씨는 마음과 생각에 담긴 씨앗들을 눈에 보이도록 피어내는 일이다. 다 다른 씨앗이기에 다 다른 꽃이 핀다. 다 다른 꽃이니 다 다른 열매가 맺힌다. 글씨는 그래서 저마다 다르게 표현된다.

'아름답다'의 옛말이 '알움답다'라고 한다. '알움'이란 말은 '어떤 존재가 피어나기 전의 처음 씨앗'이라는 뜻의 '알'과, '돋는 싹'이라는 뜻의 '움'을 품고 있다. '저마다 타고난 씨가 싹트듯

장하게 자란 것'을 말한다. 생명의 본모습이 자라나는 것이다. 타고난 바를 잘 살려서 싹을 틔운다면 그것이 곧, 아름다움이라는 말이다. 그리하여 저마다 쓰는 글씨가 달라야 아름답다. '아름답다'의 또 다른 어원은 '안다', '깨닫다'라는 뜻의 '알음'에 '답다'라는 접미사를 붙인 말이라고 한다. '안다는 것이 곧 아름답다'라는 말이 된다. 나다운 씨앗을 알고, 나답게 씨앗을 키워 싹을 틔우는 것이 곧, 아름다움이 가진 뜻이 된다. 나다운 글씨, 나답게 쓰는 글씨가 좋다는 말에 이만큼 설득력이 생긴다.

글씨를 쓴다는 것은 참 아름다운 일이다. 우리가 알고 있는 생명체 중에 글씨를 쓰는 존재는 인간뿐이다. 쇠똥구리가 뒷걸음치며 둥근 집을 짓고, 새가 가느다란 나뭇가지를 하나씩 부리에 물고 와 둥지를 치고, 벌레가 땅을 기어 선을 긋고, 거미가 공중에 건축을 하는 것도 모두 글씨를 쓰듯 아름답다. 식물과 동물도 그들만의 독특한 언어로 소통하며 더불어 살아간다. 그러나 그것이 체계를 갖춘 언어라고 보기는 어렵다. 글씨를 쓴다는 것은 글자가 있어서고, 문장을 짓는다는 것은 뜻과 정신이 있어서다. 글씨를 쓰는 존재가 이야기를 품고 있다는 말이다. 인간은 뜻을 가지고 이야기를 만들어 글씨로 표현할 수 있는 존재다.

글씨는 글쓴이의 표정과 마음을 엿볼 수 있는 섬세한 장르다. 글꼴을 결정짓는 글씨체는 쓰고자 하는 내용과 놓이는 곳에 따라 바뀌기도 한다. 메모나 일기, 시나 편지, 선언문도 다르고, 책표지, 현판, 묘비명처럼 글씨를 쓰는 목적과 상황에 따라 달리 쓸 수 있다. 내용도 그렇지만 쓰는 도구에 따라 글씨는 달라진다. 연필이나 만년필 혹은, 볼펜으로 써 내려간 획의 작은 떨림으로도 글쓴이의 됨됨이를 헤아릴 수 있다. 붓으로 쓴 글씨에선 더욱 선명하다.

서예에서 글씨는 행위나 결과에 여지가 없다. 흰 종이에 검은 먹뿐인 붓글씨는 도무지 숨을 곳이 없다. 냉혹할 정도로 여백과 검은 먹뿐이다. 번진 먹마저 글씨를 숨기지 않고, 도리어 글자를 선명하게 보여준다. 붓의 걸음이 어떤 길을 걸었는지 그대로 드러난다. 가릴 수도 없고 은근슬쩍 넘어갈 수도 없다. 시간도 공간도 숨을 곳이 없는, 숨을 수가 없는 장르가 서예다. 글씨 속에 들어있는 말씨와 마음씨가 여지없이 드러나는 신비한 장르가 서예다.

붓으로 글씨를 쓰는 예술장르를 '서예'라고 한다. 그러나 서예를 단순히 붓이라는 필기도구를 사용하여 글씨를 쓰는 장르라고 말할 수 없다. 서예는 글씨를 넘어 문장 속에 뜻이 더욱 중요하다. 사람이 근육보다 마음이 중요한 것과 같다. 서예는 체도 중요하지만, 내용의 문제가 훨씬 크다고 할 수 있다. 그러나 체와 내용은 사실 크게 다르지 않다. 체가 곧 쓰는 이의 정신이고, 그 정신이 글의 내용이 되기에 이것은 하나이지 따로따로가 아니다.

내려져오는 대가들의 글을 본으로 놓고 그대로 따라 쓰며 수련하는 것이 대부분 거치는 입문의 과정이지만, 결국은 제 생김새 대로 나오는 스스로의 체를 갖는 일이 더 중요하다. 그냥 중요한 것이 아니라, 그것이 다다를 곳이요 궁극이다. 그래서 그 사람 됨됨이가 그대로 그 사람 글씨가 된다. 획과 글꼴만 보고 그 사람을 닮았다고 말하는 게 아니다. 그 사람 전체를 보고 말한다. 그 전체는 문장의 내용, 곧 무엇을 썼느냐다. 나아가 그 사람이 산 것이다. 글씨는 그러기에 단순히 글자 선이

나 획 굵기가 아닌, 글자 속에 뜻을 담은 정신이 뼈대를 이뤄야 한다. 체는 글씨 내용과 닿아 있고 글쓴이를 보여주는 거울이 된다.

서예는 아주 작고 미세한 변화로도 전혀 다른 느낌이 난다. 회화나 조각은 작업과정에서 시간을 두고 바라보며 손 닿았던 부분을 다시 고칠 수 있지만, 글씨는 단번에 끝내야 한다. 과녁을 맞춰야 하는 정교한 운동들도 부는 바람이 있고, 경쟁자를 포함한 주위의 영향력이 없지 않지만 서예는 그저 오롯이 혼자 버티고 써야 하는 지극히 고요하고 더없이 외로운 작업이다. 시간과 공간, 감정과 상황은 붓을 다른 길로 데려간다. '같은 강물에 발을 두 번 담글 수 없다'는 헤라클레이토스의 말처럼, 하루 종일 한평생 같은 글자를 쓴다 하여도 똑같은 글씨를 쓸 수 없다. 사람도 글씨도 따지고 보면 자연에서 왔으니, 늘 가만히 있는 것처럼 보여도 쉴 새 없이 움직이는 자연처럼 시간마다 글씨가 달라지는 것은 자연스러운 일이다.

그리하여 글씨는 시간과도 같다. 한 번 붓이 지나가면 그만이다. 돌이킬 수 없다. 오랜 수련과 그 순간까지의 깊은 사유를 담아, 먹을 머금은 붓은 단번의 선택과 표현으로 그 결과를 만들어내야만 한다. 때론 야속하고, 때론 허망하기까지 한 그 순간들을 여러 번 경험하는 어떤 날, 환희를 맛보는 글씨가 태어난다. 늘 그렇게 피어나는 꽃이지만 봄이 되면 새로움을 맛보

듯, 늘 쓰는 글씨지만 오랜 시간 쌓인 필력은 어느 날 새로운 글씨를 낳는다.

글씨를 쓰며, 어쩌다 방심하여 한 글자를 버리게 되면 그 문장 전체를 버려야 하는 결과를 받아들여야 한다. 글씨는 예민하다. 물론, 글씨는 서로 어우러져야만 살아난다. 한 글자가 한 문장과 함께, 한 문장이 한 글자와 함께 하나로 이어져 있다. 글씨를 쓰는 기술적 표현만이 아니다. 글 쓰는 이의 뜻이 글씨에 녹아 있어야 한다. 정신을 쓰려고 애쓰는 것이 아니라, 정신이 그대로 글씨가 되어야 한다. 그대로 글씨가 되는 스스로의 일상이 없다면 결코 완성도는 멀어진다. 그런 의미로 본다면 서예는 그 자체로 문학이 될 수 있다. 거기에 견해와 안목이 담겨 있어서다. 그렇다면 더욱 우리가 써야 할 서예는 우리 글자인 한글이 지당하고 내가 지은 문장이 마땅하다.

붓글씨를 일컬어 중국에서는 '서법'이라 하고, 일본에서는 '서도'라고 한다. 이름에 무게감이 느껴진다. 글씨 쓰는 일에 '사는 도리'와 '인생의 길'을 담았다. 중국에서는 내려져오는 법첩에 충실함이 법을 지키듯 무겁게, 일본에서는 글씨 쓰는 일을 곧, 도를 닦는 것으로 여기며 서예에 임한다. 각 나라마다 그 뉘앙스가 조금씩 다르지만 '법', '도'에 담긴 예사롭지 않은 애정과 존재감은 헤아려진다. 글씨에 담긴 폭과 깊이, 글씨를 마주하는 태도와 애정을 엿볼 수 있다.

오늘날 한국에서는 붓글씨를 '서예'라고 한다. 우리나라에서도 고려시대부터 조선시대까지는 서도와 서법을 함께 사용했고, 그냥 '서書'라고도 썼다. 해방 전후로도 서법과 서도를 섞어 사용했는데, 광복 직후에 소전 손재형이 명명했다는 서예라는 용어를 쓰기 시작했다.

서예라는 말은 중국 주나라 교육과목 '육예六藝'—예禮(예법), 악樂(음악), 사射(활쏘기), 어御(말타기), 서書(붓글씨), 수數(수학)—에서 '예藝'와 '서書'를 따와 이름 지었다고 한다. 당시 주나라 공무원이 되려면 닦아야 할 필수과목인 여섯 가지 기예 중, 붓글씨를 말하는 '서書'와, 여섯 가지 기예를 일컫는 '예藝'를 가지고 온 것이라 본다. 또한, 정인보가 쓴 『완당집』(1868년 간행) 서문에 '書藝서예'라는 용어를 쓴 기록도 보인다. 그러나 여기서 해방 이후라고 말하는 것은, 두루두루 쓰인 시작을 말한다.

서예를 한자 구조로 본다면, '예藝'는 심을 '예蓺'가 본디 글자이다. 그 아래 김맬 '운芸'을 더하니, 풀을 베고 식물을 기른다는 말이다. 풀 베는 사내를 '운부芸夫'라고 한다. '농부'의 뜻을 함께 지니고 있다. '예' 자 갑골문 형태가 무릎을 꿇고 몸을 숙여 식물을 심고 기르는 형상이니, 끈기와 성실이 글씨 쓰는 일에 기초가 된다. '서書'는 붓 '율聿'을 위에 두고, 가로되 '왈曰'을 아래 두었으니 곧, '붓으로 이야기하는 것'이다.

기초학문인 육예에 속한 공부나, 농부가 일하는 노동이나 똑같이 사람이 사는 기본이라고 할 수 있다. 하여, '노동하는 정신을 품고 붓으로 말하는 것'이 서예가 가진 뜻이 된다. 밭 갈듯이 풀 베듯이 글씨를 써야 한다는 말이다. 마음을 다잡고 숨 쉬듯 일상으로 글씨를 쓰라는 말이다. 서예라는 용어에 이렇게 훌륭한 사상이 담긴다. 이렇게 현대적인 시각이 스며 있다. 서예에서 '예'라는 글자를 따로 두고 새기면 아름다움을 창조하는 예술을 뜻하지만, 그것은 재주와 기예, 기술을 포함한다. '아트art'라고 하는 말이 '아르스ars'라는 헬라어에서 왔는데 '아주 정교하고 고급스러운 기술' 또는, '예술'을 뜻한다. 여기서 갈하는 기술은 고만고만한 기술을 말하는 것이 아니다. 기술이 경지에 이르려면 다른 길은 없다. 끈기와 인내가 거듭되는 수련과 공부가 필요한 것이니 그 안에 자연스럽게 정신이 녹아든다고 할 수 있겠다. 그것은 장인들이 일생을 통해 연마하고 수련한 그 기술과도 같다. 이 세상 어떤 정신도 한결같은 시간 앞에선 고개를 숙이게 된다. 세상에 단순한 기술은 없다. 그 안에는 그 사람과 그를 둘러싼 많은 사람들이 애쓴 만큼의 시간과 지혜가 깃들어 있다.

'예'가 품고 있는 '아름답다'라는 말은 참 아름답다. 아름다운 삶을 향한 노력이기 때문이다. 거기에 '사람의 긴 시간'이 들었으니 서예라는 용어는 한결 유연하고 풍요로워진다. 법과 도를 품은 채, 노동과 공부를 예술의 경지까지 끌어올렸으니 그만큼 더 깊어진다. 이것이 우리가 쓰려는 서예다.

품은 채, 노동과 공부를 예술의 경지까지 끌어올렸으니 그만큼 더 깊어진다. 이것이 우리가 쓰려는 서예다.

글씨를 쓰면서 종이 붓 벼루 먹에 민감한 것은 어쩌면 자연스러운 일이다. 지필연묵 모두, 고유한 언어를 지니고 있는 자연에서 온 까닭이다. 만들어지는 과정은 무척이나 고되다. 오랜 세월로 다져진 장인의 끈기와 노련한 기술이 우선, 필수다. 주재료는 자연과 시간이다. 나무, 불, 물, 돌, 동물의 털, 바람, 햇살이 그 안에 들었다. 그것은 사람이 움직일 수 없으니 그 결과도 으레 자연에 따라야 한다. 그러기에 어떤 글씨를 쓰는가에 따라 혹은, 그날 마음에 따라 붓을 고르며 종이를 고르며 숨을 고르는 것이 도리어 자연스럽다.

세월이 지나 기술이 발달하면서 사람이 쓰는 물건들은 대부분 기계에서 만들어지거나 공장에서 생산한다. 그러나 서예에서 쓰이는 종이, 붓, 벼루, 먹은 공장에서 마구 찍어낼 수가 없다. 그렇게 만들 수 있는 물건들이 아니다. 장인의 끈질긴 손길이 닿은 후에야 태어난다. 견디되 섬세해야 하며 힘들되 정교해야 한다. 자연, 작가들도 이것을 함부로 대하지 않는다. 진중한 마음으로 소중하게 다룰 수밖에 없다. 서예의 도구들은 한결같아서 까다롭고, 변하지 않아서 조심스럽다.

먹이 담긴 벼루에서 찬찬히 붓을 다듬어 글씨를 쓴다. 묵묵하
면서도 유연하게, 골똘하면서도 전체를 헤아리며 글씨를 쓴다.
한 글자의 균형에 그치지 않고 작품 전체 짜임새를 본다. 글 쓰
는 이는 글씨와의 거리를 가깝게도 하고 멀게도 하여 글씨의
속과 겉을 본다. 마침내 글씨 안에 있는 나를 보게 되고, 글씨
밖에 있는 나를 알게 된다.
글씨는 천재가 나오기 어렵다. 글씨는 쓴 만큼, 세월만큼, 연륜
만큼 솜씨가 그대로 묻어나오는 까닭이다. 타고난 재주가 드
러나지 않는 것은 아니지만, 글씨에는 시간이 흐른다. 마치 시
나 소설에는 이따금 천재가 등장하나 수필문학은 연륜 없이
입문조차 어려운 것과 흡사하다. 서예에서 나타나는 유려함
도, 우직함도, 꼿꼿함도, 파격도, 거침없음도, 변화무쌍함도,
무구함도, 유머도 모두 글씨에 정진한 '시간'을 기초로 한다.

서예는 먹의 아름다운 빛깔로 붓의 유연성을 빌어 시간과 동
행하는 유머다. 그 끝에서 헐렁함과 무구함으로 들어가야 하
지만, 걷는 걸음과 태도는 꼿꼿하고 정갈해야 한다. 서예는 까
다로운 유머다.

시는 슬픈 유머다. 자연을 넘지도 못하고, 평범한 일상을 쫓아가지도 못한다. 그러나 우리의 일상과 자연을 시보다 더 신랄하그 아름답게 표현할 수 있는 장르도 없다. 서예도 문자라는 문명에서 태어나 자라난다. 탁월한 서예라고 하더라도 문자 자체보다 위대할 수 없고, 아무리 빼어난 문장이라도 인생 자체보다 진할 수는 없다. 무덤가에 묘비명이 근사하게 생을 포장하였어도 정작 그 무덤 속에 잠든 인생보다 더 은유적이고 극적일 수 없듯.

시도 서예도 문명이다. 위대한 문명일수록 자연과 가깝다. 탁월한 문장은 그래서 자연을 닮았다. 좋은 문장은 나무처럼 무심하고 바람처럼 섬세하다. 인간도 자연에서 걸어 나와 자연으로 돌아가니, 자연을 닮은 삶이 인생의 진수라고 말할 수 있다. 하지만 사람들은 쉽게 살기를 원하면서도 결코 쉬운 삶을 살지 못한다. 자연처럼 쉽게 살지 않는 까닭이다.
자연스러운 것보다 근사한 자세는 드물다. 사그라진 꽃대를 사람의 손으로 아무리 올리려 해도 세워지지 않지만, 밤이 지나고 아침이 되면 꽃대는 아름답고 우아하게 서 있다. 자연의 쉬운 힘이다. 자연스러운 힘이다. 문장도 이와 같아 형용의 치장이 설득하는 것이 아니라, 그대로의 삶이 녹아 있는 글들이 마음을 움직인다.

서예는 문자라는 문명을 꽃피우는 슬픈 유머다. 서예가 문자라는 문명을 넘어설 수는 없으나, 문자를 서예보다 더 아름답게 표현하는 장르는 없을 테니까.

레오나르도 다빈치는 왼손잡이였다. 하마터면 우린 그의 과학적이고 아름다운 스케치를 만날 수 없었을지도 모른다. 만약 다빈치가 도시에서 정규교육을 받았더라면 그때 그들이 정해놓은 완고한 교육방식―당시 학교교육은 왼손 사용을 금하고 오른손만을 쓰도록 했다―에 밀려 억지로 오른손을 사용했을 것이다. 그는 시골에서 어린 시절을 보낸 까닭에 평생 왼손잡이로 남았다. 보수의 시대를 뚫고 소신껏 창작했던 스승의 영향을 받은 다빈치는 노트 1만 3천 쪽에 달하는 상상력을 남겼다. 뒤에 올 세상에게 다빈치가 보여준 '다른 한 우주'였다.

임서. 대가가 남겨놓은 글씨를 본으로 놓고 글씨 쓰는 것을 말한다. 입문과 수련 과정에서야 얼마든지 있을 수 있고, 또 그것은 아주 좋은 방법이다. 그가 걸었던 길을 따라 걸어봄으로 그 기술과 이유와 마음을 헤아려볼 수 있는 효과 있고 적절한 공부법이다. 그러나 모방과 베끼기에 급급하다 보면 참신한 상상력은 점차 사라진다. 현실발언도 없고 저 너머의 예언은 꿈도 꾸지 못한다. 수련 과정에 모방과 따라함이 없을 수 없으나, 고전 같은 선배들의 가르침으로 숨은 필력을 기르면서, 끊임없는 내 공부를 다져야 한다. 스스로 걷고, 혼자 견딤이 곧 길이다.

연암 박지원의 제자 이서구가 스승에게 하소연하며 여쭙는다. "선생님, 한 문장이라도 새롭고 기발한 것을 쓰면, 사람들은 옛 문장에 이런 것이 있느냐며 나무랍니다. 경전에도 없고 옛 시구에도 없는 글을 어떻게 함부로 쓰느냐며 지적합니다…."(『녹천관집』 서문) 창의력을 타고난 이서구는 억울했다. 조금 다른 뜻을 새기고 조금 다른 글을 썼다고 사람들은 입방아를 찧고 손가락질을 하며 몰아세웠다. 저들과 한통속을 만들지 못해 근질거렸다. 자존감을 잃은 시대와 사람들이 보여주는 서글픈 풍경이다.

오늘날 한국서예도 별다르지 않다. 한문으로는 중국에서 전해져 내려오는 시구가 태반이요, 한글로는 성구와 시조, 또는 도덕적 경구들이 흔하다. 백 년 세월에도 그 굴레를 벗지 못하는 이런 현상은 무엇보다 '내 숨'이 스민 상상력이 없어서다. 아름다운 시와, 경전과, 스승들이 남긴 문장을 지나, 오늘을 사는 나에게 주어진 문장, 지금 내게서 우러나오는 문장이 나와야 한다. 자연스러워 도리어 드문 문장이 절실하다.

내용도 그렇지만, 글씨체는 더하다. 훈민정음 판본체와 궁체,

그리고 이미 내려져오는 민체를 좀처럼 벗어나지 못한다. 판본치와 궁체는 기초를 다진다는 의미가 있다 하더라도, 민중들이 썼던 글씨 민체를 계속 흉내 낸다는 것은 난센스다. 이미 세상에 나와 있는 글씨를 쓰는 것이니 비슷한 일이긴 하지만, 그것은 남의 글씨를 베껴 쓰는 것과 다르지 않다. 물론, 서예라는 장르는 내려오는 글씨를 놓고 쉼 없는 임지의 경험을 쌓아야 하는 태생적 보수성을 품고 있다. 그러나 수련의 과정이 필요한 것도 결국, '내 글씨'를 쓰기 위한 것이다.

연암은 '즉사卽事'를 말했다. '참은 눈앞에 있다'는 뜻으로 새긴다. 모든 이들이 본으로 여기는 것들을 벗어나야 한다는 뜻이다. 당시로 말하면 당나라 명나라 청나라 것이 다가 아니라는 말이다. 한걸음 뒤로 물러나 생각해볼 것은, 어떤 위인도 과거에 살았던 '어떤 사람'이라는 사실이다. 누구나 당대에 살던 한 인간이다. 한 사람에게 혹은, 어떤 사상에 몰입되는 것은 옳고 그름을 떠나 유연성을 기르는 데는 좋지 않다.

내가 겪고, 내가 느끼고, 내가 숨 쉬며 써 내려간 내 문장이 살아나야 한다. 누구든지 스스로 겪는 세상이 없을 수 없다. 그 세상을 문장으로 만드는 일이 서예를 하려는 참뜻 안에 있다. 케테 콜비츠가 형상화한 '직공들'과 '농민들'이요, 마크 로스코가 고뇌한 '색깔들'이요, 백석이 노래한 '고향'이요, 무위당이 그려놓은 '웃는 난'이다. 그것은 그들에게서 다시 태어난 이미

지다. 누구도 흉내가 어려운 내 고유한 언어가 있어야 한다. 여자든, 남자든, 약초를 캐는 사람이든, 노동을 오래한 사람이든, 책을 많이 읽은 사람이든, 남쪽에 살던 사람이든, 북쪽에 살던 사람이든 저마다 지닌 지혜는 신비롭고 아름답다. 고기 잡는 이들의 언어에는 소금이 흐르고, 나무 하는 이들의 언어에는 수액이 흐른다. 스스로에게서 나오는 세상은 누구도 흉내 낼 수 없는 색다른 세상이다.

한국은 예로부터 집집마다 장맛이 다르다고 했다. 장맛이 다 비슷한 것 같으나 식구마다 사람마다 입맛이 조금씩 다르듯, 장독 안에 묵혀둔 비밀은 꽤 고유한 것이다. 그렇게 조금 다르고 고유한 것이 바로 맛이요, 멋이다. 글맛도 글꼴도 사람마다 달라야 매력이다.

자연은 저마다 고유한 숨으로 산다. 사람도 누구나 다른 숨을 쉬며 산다. 그 조화와 어울림으로 지구는 숨을 쉰다. 자연이 부르는 노래와, 자연이 사는 몸짓을 따를 문장은 없다. 하여, 자연스럽고 무심한 문장을 간절히 기다리는 것이다.

'다른 한 세상'들이 여기저기서 살아난다면, 도무지 꿈적도 하지 않는 자본주의 세상을 넘어갈 길이 보일지도 모른다.

조선을 지나 지금까지도 한글서예에서 독특한 글씨체를 만나기가 어려운 것이 사실이다. 한글서예를 본격적으로 쓴 시간도 길지 않지만, 몰두하여 매진하는 사람도 드문 까닭이다. 한편, 한자서예에서도 독특한 글씨체를 찾기 어려운 것은 마찬가지다. 그도 그럴 것이 중국에서 내려오는 글씨체가 워낙 다양하고 훌륭하여 그것만 연구하고 연마하는데도 시간이 모자란다. 한평생 글씨만 쓴다 해도 어렵다.

더근다나 지금은 먹을 갈고 붓으로 글을 쓰는 시대도 아니요, 한자를 즐겨 쓰는 시대도 아니다. 굳이 서예를 하며 한자를 써야 할 별다른 명분도 목적도 이유도 없는 시대다. 그러므로 더욱 우리 글자인 한글로 글씨를 쓰는 것이 자연스러운 일이다.

덧붙이자면, 서예는 전문가가 따로 있는 영역으로 인식하기보다는 누구나 붓을 들고 제 뜻을 쓰는 분야라고 생각하는 것이 좋겠다. 스스로 갈고 닦은 품성과 지혜로 쓰는 글씨가 꼭 전문가일 필요는 없는 까닭이다.

언어가 품고 있는 역사와 정서를 이해하고 있어야 그 다음, 그 언어로 쓰는 글씨에 체를 만들어볼 수 있다. 하여, 한자서예는 그들과 우리 옛 선조들이 쌓아온 정신과 필력을 구하는 데 그치면 된다. 한글서예를 써야 할 우리에겐 더없이 고마운 일이다. 정신의 역사와 붓의 세월을 선물 받는 일이기 때문이다. 또한, 그것은 우리가 한글이라는 문자로 글씨를 써야 하는 선명한 이유이기도 하다.

서예로 걸어야 할 길은 다만, 글씨에 내 정신을 어떻게 담느냐, 무엇을 담느냐에 있다.

좋은 문장에는 그윽한 향과 맑은 기운이 묻어난다. 거기에는 가슴을 누르는 묵직한 감동과 양심을 찌르는 따끔한 깨침이 들어 있다. 시인다운 감성과 과학자다운 집요함, 예언자다운 통찰력이 들어 있는 문장이라면 더없이 좋겠다. 그러나 문장의 향기와 문장의 기운은 소탈하고 담백한 사유에서 나온다. 그 정서가 문장의 정을 만든다.

사람도 그렇지만 글도 풍기는 것이 있다. 장황하거나, 너무 멋을 부렸거나, 설명적이거나, 가르치려고 드는 문장들은 부담스럽다. 무던하면서도 흔하지 않은 문장이 좋다. 그런 문장에선 노을향이 풍긴다. 모든 화려함을 버리고 무채색으로 사라지는 수수함이 있다. 거기엔 내일 아침으로 가는 길이 보인다.

예토부터 글을 짓고 쓰는 이들은 문향, 문기, 문정을 중요하게 생각했다. 일본 작가 아쿠타가와 류노스케는 "문장 속의 말은 사전 속에 있을 때보다 더 아름다워야 한다"고 했다. 각자 삶 속에서 함께 살던 언어들이 표현될 때, 그 문장은 갓 잡은 활어처럼 살아난다.

그리하여 또 하나 생각해볼 것은 표준어와 사투리다. 오스트리아 철학자 사제 이반 일리히는 표준어도 권력으로 보았다. 말투가 곧 역사이고, 정서이고, 문화다. 그 말투를 그대로 옮긴다면 또 다른 세상, 또 다른 글씨가 생겨날 것이다. 사투리가 얼마나 근사한 언어인지, 또 얼마나 설득력 있는 표현이 되는지 알게 된다. 살던 것을 말하고 말하던 대로 쓴다면 문장의 정서와 향기는 그대로 드러날 것이다. 이와 같이 저마다 담담하고 진솔한 삶이 문장의 기운을 만든다.

인간은 똑같은 삶을 사는 것 같아 보이나 누구나 다른 사연이 있다. 그 소소한 사정들이 문장의 정서를 만든다. 마침내 그런 글에서는 맑고 고유한 향기가 난다.

자연스럽다는 것은 강가에 조약돌처럼 바람에 깎이고 물결에 쓸리어 모나지 않고 부드럽게 된 것을 말하는데, 이렇듯 무던하고 싱거운 세상을 쓸 수 있는 지혜는 오랜 시간을 겪은 후에야 나온다. 가지에 박힌 옹이도 한 그루 나무를 보여주는 진지한 풍경이듯, 장인의 굳은살과 농부의 주름살이 인생에 흠이 되지 않는다. 누구나 사는 동안 크고 작은 파도가 있다. 생의 바다를 건너기란 결코 쉽지 않다. 그런 근원적 슬픔에서 길어올린 문장은 은근하고 묵직한 향이 풍긴다. 슬픔만한 아름다움도 없는 까닭이다.

어느 날, 종이에 쓴 글씨가 슬프게 보일 때가 있다. 먹이 획이
글자가 종이가 슬프게 보인다. 문자와 종이에 담긴 시간들을
읽어서다. 그 시간 속에서 유한한 인간의 역사가 비춰져서다.
글 쓰는 이가 서예를 통해 연민이 일어난 것이다. 그렇게 움튼
연민이 문향과 문기와 문정을 만든다.

보통 때에 글을 쓰면 자연스럽게 나오는 자기 글씨체가 왜 붓을 들면 전혀 딴판인 글씨가 될까. 마치 글을 처음 쓰는 사람처럼 우물쭈물 갈팡질팡 떠는 걸까. 낯선 필기구를 손에 쥐었기 때문이다. 붓이 매일 사용하는 익숙한 필기구였다면 늘 쓰던 글씨를 아무렇지도 않게 써 내려갔을 것이다. 이만큼 붓과 우리 일상은 이제 멀리 떨어져 있다.

간편하고 편리한 필기구가 이토록 흔한 세상에 굳이 벼루를 내어 먹을 갈고 붓으로 글씨를 쓴다는 것은 번거롭고 불편한 일이다. 그러나 고작 백 년 전, 글씨를 썼던 대부분 사람들이 사용했던 붓이다. 그러니 생각해보면 붓으로 쓰는 글씨가 그리 대단한 것도 아니고 특별하지도 않다. 다만 우리 삶에서 어느덧 사라져 낯설어진 거다.

그런데 만약 붓으로 쓰는 글씨가 우리 삶에 아무 보탬도 아니 되고 쓸모없는 것이었다면, 서예는 진작 사라졌을 확률이 높다. 하지만 꾸준히 그 맥이 이어지고 배우려는 사람도 생겨나고 서예를 흠모하는 사람들이 여전히 많다는 것은 서예의 존재이유를 설명하기에 충분하다. 마음을 다스리고 정신을 키우는 데 서예만한 것이 드물며, 문자라는 탁월한 문명에 예술적 감각을 보태려는 원초적 매력을 떨쳐버리기가 쉽지 않다. 서예는 단순히 정신을 가다듬고 단정히 하는 것을 넘어 사유하는 방법과 깊이를 구체적으로 키워준다.

문자에 기대어 살 수밖에 없는 인간은, 무덤 앞에 묘비명을 새길 만큼, 죽어서도 말을 하고 싶어 하는 언어의 생명체다. 그만큼 문자를 기록하고 쓰는 행위에 마음을 쏟는다. 하여, 서예가 쉽게 사라지진 않을 것이다.

서예가 낯선 것은 우선, 학교나 주위에서 잘 배우지 못해서다. 한글서예에 대한 무관심도 있겠다. 그것은 한편으로 우리 역사에서 가장 위대하고 독특한 문명인 한글에 얼굴을 돌린 채 살아간다는 말이기도 하다. 실제로 학교에서 훈민정음 해례본에 대해서 자세히 가르쳐주지 않는다. 바로 눈앞에 있는 것은 흐릿해지듯, 가장 가깝고 귀중한 우리문자 한글에 소홀한 것이다. 판본체로 태어난 한글을 따라 써보는 교육이 학교에 있다면 한글서예가 이처럼 잊히지는 않았을 것이다. 한글이 처음 태어난 구조를 따라 붓으로 써보는 것은 전혀 다른 느낌과 생각을 가져다준다. 집의 설계를 알고 사는 것과 비슷하다고 할까. 우리가 평생 쓰고 말하는 한글 구조와 쓰임새들을 안다면 얼마나 좋을까.

만약, 초등학교 때부터 정규수업으로 벼루와 먹, 한지와 붓을 배우고 한글서예를 익힌다면 각자 삶터에서 우리 민족이 지닌 개성과 문화를 한껏 발휘하고 도두보며 살아갈 것이 분명하다. 편협한 욕심이 아니다. 서예가 품고 있는 격과 멋으로 말미암아 삶의 질에도 매우 다양하고 큰 변화가 있을 것이라는 생각을 지울 수 없다. 교육은 백 년을 바라본다고 했는데, 서예는 특히 시간과 세월이 필요하기에 안타까움은 커간다. 게다가 그것은 한지, 붓, 벼루, 먹을 만드는 장인들을 살리는 일이기도 하다. 오늘날 이 도구와 재료들의 소비가 줄어들어 이와 관련된 대부분의 분야는 벼랑 끝에 서 있다. 백 년을 함께 살아온 필방과 한지가게들이 우리 곁에 사라진다는 것은 참 서글픈 일이다.

각 도시와 지방이름을 쓴 현판들, 마을 어귀마다 큰 돌에 새겨놓은 지역이름과 각종 표어들, 학교현판, 집집마다 걸어놓은 문패, 가게 간판에서 볼 수 있는 한글글씨의 격이 곧 우리 수준이요, 현실이다. 그러므로 표어에 쓰인 문장과 글씨체를 보며 우리 수준을 신랄하게 인식해야 할 필요가 있다. 건축물과 거기 쓰여 있는 글씨를 보며 아이들은 자란다. 글씨 내용뿐만 아니라, 형태와 꼴을 보며 미적 감각을 키운다. 글씨를 보는 안목은 그 언어를 사용하고 사는 사람들이 지니고 있는 정서와 수준 그대로다.

낯선 것에 대한 '알아차림'은 상상력에 대한 것이다. 헝가리 출신 아방가르드 예술가 라즐로 모홀리나기가 말한, "미래의 문맹자는 글을 읽지 못하는 사람이 아니라, 이미지를 모르는 사람이 될 것이다"라는 말은 매우 흥미롭다. 낯선 이미지를 익숙하게 하는 것은 상상력이 가진 힘이다. 상상력 안에 있는 유연성이다. 상상력의 근육과 뼈대가 튼튼하면 심미안과 견해는 무럭무럭 자라난다. 그리하여 훨씬 근사한 미래가 펼쳐지기를 바라는 것이다.

굳이 서예만을 강조하는 것이 아니라, 모든 분야의 학문이나 문화를 대하며 유연하고도 유기적인 시각을 가지는 것이 바람직하다. 총체적인 심미안은 시민 전체가 지녀야 할 아름다운 덕목이다.

한글서예가 낯설다는 것은 슬픈 일이다. '우리만이 이어나갈 수 있는' 한글서예를 낯설어하는 것은 매우 서글픈 일이다. 이런 일이 대수롭지 않게 여겨진다는 것은 더욱 슬픈 일이다.

아주 오래된

언어는 어쩌면 인간이 태어날 때부터 아니, 이미 그 이전에 새겨지고 내재된 것인지도 모른다. 그렇지 않다면, 갓 태어난 어린 아기가 어떻게 엄마와 소통할 수 있을까. 또한, 펼쳐진 모든 자연과 주위 상황들로부터 주고받는 언어들도 있다. 인간존재에게 언어란 태초부터 미리 주어진 것이 아닐까. 사람은 눈에 보이는 혹은, 마음으로 느끼는 모든 것들과 이야기 나눌 수 있는 존재다.

문자가 하루아침에 태어날 리 없다. 한글이 꼭 한반도에서만 만들어졌다고도 볼 수 없다. 세종의 시대가 우리글 훈민정음을 완성했다고 할 수는 있겠으나, 그 태동과 씨앗은 아주 오래 전부터 살았던 사람들로부터 전해져왔다고 할 수 있겠다. 무엇이든, 어떤 것이든 발견과 동기가 있다. 자음 'ㄱ'도, 모음 'ㅏ'도 무엇을 보았고, 어떤 것을 들었기에 태어난 글자다. 그렇다면 한글 나이는 6백 년이 아닌, 한반도 5천 년을 넘어 지구촌 1만 년이 될 수 있다. 세상 어떤 글자도 마찬가지다. 상상에서, 상형에서 움이 트고 싹이 자라 글자는 만들어진다.

글씨를 쓴다는 것은 오래된 지구풍경을 보는 일이요, 지구에 살았던 오래된 사람을 만나는 일이며, 그 사람에게서 아주 오래된 이야기를 듣는 일이다. 글씨를 쓴다는 것은 아주 오래된 이야기를 고요히 만나는 일이다.

누군가 목숨을 걸고 말해준 덕분에 평면이었던 지구는 둥글게 되었다. 그 말을 받아들이지 않았다면 아직도 우리는 지구 끝을 가보지도 못한 채 살고 있을 것이다. '평면'이라는 언어 안에 갇혀 도무지 저 멀리 발걸음을 뗄 엄두도 내지 못했을 것이다. 굳어진 세상이 내리는 기준과 평가는 지극히 주관적이고 관념적이며 통계적이고 심지어 추상적이다. 생각이 굳어지면 이미 그것은 우상이다. 글씨에 대한 고정관념은 낡은 도덕과 같다.

윤동주를 아꼈던 시인 이바라키 노리코는 "이미 만들어진 사상에는 기대고 싶지 않다"고 노래한다. 그녀는, 이미 정립된 학문이나 성행하는 종교나 어떠한 권위에도 기대고 싶지 않다고 한다. 어떤 어려움이 있다 하더라도 내 눈과 귀, 내 두 다리만으로 서 있겠다고 한다. 그리고 그녀는, '기댈 건 의자 등받이뿐'이라는 자존감 넘치는 유머를 던진다.

내가 쓴 글씨는 '내'가 들어 있기에 귀하다. 내가 살아낸 삶이라면 무엇과도 비교될 수 없고, 어떤 것도 견줄 수 없는 아름다운 인생이다. '불계공졸'. 잘되고 못되고를 가리지 않는다는 뜻이다. 완당의 무르익은 정신이요, 그윽한 깨달음이다. 자비심이 깊어지면 이 세상 만물을 구별하지 않는다. 밤이 되면 경계가 없어지는 것과 같다. 지는 노을은 수고한 하루를 지긋이 덮어준다. 어둠이 나리면 하늘도 땅도 바다도 다 그게 그거다. 그놈이 그놈이 된다.

흙이 고운 것은 다 섞여서다. 세상 모든 것이 흘러들어 왔지만 부서지고 깨지고 다져져 곱게 된 것이다. 흘러온 것이 다 깨끗한 것 아니고, 스미는 것이 다 맑은 것 아니다. 흙이 이것을 마다하지 않고 그냥 받아들여서다. 긴 시간이 흐르고, 오래 견뎌내어 곱게 만들어놓은 것이다.

생각이 굳어지면, 가리기 시작한다. 뭐든 구분하고 선을 긋는다. 생각을 열면, 가리지 않는다. 구분하지도, 선을 긋지도 않는다. 가리지 않는다는 것은 정의를 넘어 있는 말이다. 눈앞에 선악을 가리는 것이 아니라, 그것을 넘은 아름다움을 말한다. 어느 것에도 견주지 않는 자존감이다. 높은 자존감은 만물과 하나가 된다. '그 사람이 담긴' 글씨를 놓고 어떤 것과 가릴 수 있는가. 가릴 수 없다. 가려선 아니 된다.

가리지 않는다는 건 '이미 다 가렸다'는 말이다.

루쉰은 "아침 꽃을 저녁에 줍는다"고 했다. 시인도, 품었던 문장을 오래 삭혀 원고지에 내놓는다. 그냥 하루가 아니다. 그런 하루는 산 만큼의 시간이 들어 있다.

글은 글씨로 표현되고 글씨는 글을 품고 있다. 좋은 책을 읽어 가슴에 품고 넣어두었다면 절로 그 향과 기운이 글씨에 비친다. 다만, 책을 읽고 지식을 쌓는 일과 함께 중요한 것은, 살며 겪는 일상 속에서 지혜와 상상력을 길러내는 일이다. 손과 발, 온몸으로 인생을 실감나게 겪어내야 한다. 그런 면에서 노동은 언어와 둘도 없는 벗이 되고, 인생의 바닥을 뚫고 올라오는 문장을 낳는 힘이 된다. 단순하고 정직한 땀은 담백하고 순전한 문장을 낳는다.

사회참여와 현실발언으로 역사에 동참하며 동시대가 갖는 아픔을 내 아픔으로 여기는 인간애가 곧 글씨가 되어야 한다. 지식이 비치는 글씨보다 연민이 비치는 글씨가 더욱 귀하다.

전체의 삶과 일상이 그대로 글씨가 되어야 한다. 사는 것과 따로 떨어진 글씨가 아니라, 삶 그 자체를 써야 한다. 문장이 주는 위엄보다, 글씨를 쓴 그 사람의 삶이 마음을 두드린다. 그것이 서예의 과정이며 글씨를 쓰는 이유다.

한 획으로 그 사람이 쓰는 글씨를 알아볼 수도 있다. 산 것이 획이 된다. 획 하나에 그런 하루가 담긴다. 한 글자에 어제가 녹아 있고, 문장 한 줄에 인생이 스며 있다.

글씨는 글씨를 쓴 사람의 생김새나 성격이 드러난다. 그런데 수려하고 우아한 글씨에 비해 그리 두드러지지 못한 외모를 가진 사람도 있다. 말쑥하고 꼿꼿한 글씨를 썼던 당나라 명필 구양순이 그랬다. 기록에 그의 얼굴이 원숭이를 닮았다고 할 정도이니 외모에 비해 글씨가 월등한 경우였다. 그것은 그 사람 속 얼굴이, 그 사람 전체가 글씨에 드러나서다. 생김새라는 말은 그 사람 전체를 말한다. 그 사람이 지닌 인품과 학식, 지혜와 성격, 정서와 스타일, 심지어 말투와 발걸음까지 모든 됨됨이를 통틀어 말하는 것이다. 글씨에 그 사람이 나온다는 말은 그 사람 존재 전체를 헤아려본다는 말이다.

글씨를 잘 쓴다는 것은 글자를 반듯하고 균형 있게 쓰는 것을 말하기도 하지만, 문장이 가진 뜻과 함께 글씨의 개성이 살아날 때 서예의 참맛이 느껴진다. 글씨의 속 얼굴이 문장이니, 그 사람 속에 있는 지혜와 연륜이 글씨에 그대로 비친다.

글씨를 쓰는 이는 무엇을 쓰고 있는지 잘 알고 있어야 한다. 잘 안다는 말은 쓰는 문장의 단순한 해석을 뜻하는 것이 아니라, 그 뜻으로 살아 그런 존재가 되었느냐를 말한다. 그런 존재로 살아 그런 생김새가 되었느냐를 말한다. 그 존재로 글씨를 쓰고 있는지를 말한다. 결국, 글씨에는 글 쓴 사람 생김새가 그대로 드러난다.

사람은 생긴 대로 글씨를 쓴다.

책을 펴서 밑줄을 쳐가며 글을 읽는 시대는 이제 지나가는 듯하다. 정보에 물든 시대다. 체계적이고 구체적인 정보라면 다행일 테지만, 초스피드로 간단하게 찾아보는 검색이라는 통로의 정보다.

질문을 해도 검색, 답을 하면서도 검색, 궁금해도 검색, 심심해도 검색, 공부를 하면서도 검색을 한다. 개가 맛도 모르고 머루를 먹는다. 겉만 핥아 먹는다. 속은 모른다. 참맛은 모른다. 아는 척만 할 뿐이지 실제로 아는 것이 아니다.

상황이든, 맛이든, 모든 표현에 '같다'가 으레 문장 끝을 장식하는 시대가 그냥 온 것 아니다. "맛있는 것 같다. 재밌는 것 같다. 아픈 것 같다⋯." 직접 겪고 본 것마저 '같다'로 말한다. 겸손도 아니요, 진실 뒤로 숨은 애매함만이 일상의 방패가 된다. 견해가 사라진 시대다. 소신이 없는 시대다. 제 이야기가 없다. 검색이 낳은 세상이다. 시대가 말투를 낳는다. 개가 머루 먹듯 정보에만 급급하다면, 주는 것을 받아먹기만 한다면 그 민족이 마땅히 가져야 할 향도 색깔도 사라진 정체불명의 집단이 될 수 있다.

글씨를 검색하듯 쓰면 아니 된다. 남의 글을 골라 쓰는 것은 제 글씨를 쓰는 것이 아니다. 어리석도록 우직한 공부로 써야 한다. 이것은 방식에 관한 문제가 아니라, 태도에 대한 것이다.

글씨체와 건축

글씨를 쓰는 일도, 집 짓는 일도 한국에선 매우 보수적이다. 쓰던 대로 쓰고, 짓던 대로 짓는다. 그렇다고 온전히 전통적 방식을 따르지도 않는다.

도시마다 분명, 솟은 산도 다르고, 흐르는 냇물도 다르고, 다니는 길도 다르고, 자라는 나무도 다르고, 피는 꽃도 다를 텐데 그곳에 지은 집은 똑같다. 부르는 노래도 다르고, 추는 춤도 다른데 집의 지붕 선은 똑같다. 무엇보다 사는 사람도 다르고, 하는 일도 다를 텐데 마을은 똑같다. 자연스러운 지형은 망가지고 터의 무늬도 사라진다.

쉽게 유행하는 글씨는 마치 신도시와 같다. 겉은 멀쩡한 것처럼 보이나 속은 알맹이가 없다. 시간을 묻어버려 오래된 지혜는 찾을 수 없게 되니 공허할 따름이다. 글씨를 본다는 것은 획을 감싸고 있는 살을 보는 것이 아니라, 획 속에 숨은 뼈를 보는 일이다. 글씨를 본다는 것은 글씨를 이루는 가장자리 선을 보는 것이 아니라, 획을 이루는 근육과 그 속에 흐르는 피를 찾는 일이다. 획 안에 담겨 있는 이야기를 읽고 문장을 이룬 상상력을 찾는 일이다.

건축이란, 건축구조물만 말하는 것이 아니다. 건축은 '살아가는 일'을 담고 있다. 그 집에서 매일 바라보고 생각하고 겪고 사는 것을 포함한다. 사람은 주위 환경과 건축구조, 그리고 자재와 실내장식에 따라 감성이 바뀌며 정서와 문화가 자연스레 만들어진다. 주위 환경과 자연을 무시한 채 마구 지어지는 아파트가 건축사에 매우 나쁜 모델이라고 정의 내려진 것은 바로 이런 이유다. 이런 건축에선 타고난 개성이 이내 마모된다. 인간에게 평등하다는 것은 '무조건 똑같이'가 아니라, 내 숨을 쉬며, 제 뜻을 펼치며 사는 것이 아닐까.
집과 삶이 멀어진 것처럼 문자와 글씨가 멀어진다. 몸과 영혼이 쉴 수 있는 공간이 아닌, 브랜드와 가격이 그 앞에 있으며, 문장의 뜻이 아닌, 팔 수 있는 글씨인가에 골똘하는 시대가 되었다. 글씨를 말하며, 굳이 건축을 말하는 것은 생명력과 자연스러움을 말하기 위해서다.

최근 들어 손글씨, 먹글씨라고 이름을 지어 한글이 가진 멋과 아름다움을 개발하고 표현하면서 한글부흥에 노력하는 이들이 부쩍 늘어났다. 나름 독특하고 신선한 글씨들이 태어나고 있다. 그러나 홍수에 마실 물이 귀하듯, 건져낼 글씨가 드문 것이 사실이다. 짧은 시간에 좋은 열매가 맺어질 수는 없다. 서예로 일가를 이룬 선생들 작품을 뿌리로 두고 새로운 글씨를 개척하는 자세가 필요하다. 붓으로 걸었던 시간이 있기 때문이다. 결이 다른 글씨라도 서로 배울 것이 없지 않다. 그 붓 길을 따라 걷다 보면 훨씬 더 나은 글꼴과 구성과 디자인이 나올 것이다.

아파트만 가득한 신도시에선 오래 남을 건축은 찾기 어렵다. 비슷한 글씨체가 흔하다는 말은 건질 체가 없다는 말이기도 하다. 시간을 견디지 못하는 시대이니 마을에서 고목을 보기도 어렵다. 백 년이 넘은 나무를 베어 그 위에 30년도 못 갈 건물과 도로를 건설한다. 건축에서 가장 좋은 재료는 시간이다. 시간을 앗아간 건축은 색도 질감도 기대할 수 없다. 어떤 화학 재료도 비와 눈과 바람과 시간이 그려주는 그림을 넘어설 수는 없다.

어느 오래된 시골 가게에, 누군가가 써놓은 현판글씨가 그렇게도 귀하게 보인다. 그 헐렁한 글씨가 마음을 사로잡는다. 그 마을을 닮아서다. 오래된 시간이 숨어 있어서다. 집은 사람을 닮고 사람은 집을 닮았다. 글씨는 사람을 닮았고 사람은 글씨를 닮았다. 시간 없이는 가능하지 않은 풍경이다.

글씨도 한 사람의 모든 표현이기에, 붓의 발자국에 인생의 걸음이 그대로 담겨야 한다. 이것이 자연스러운 생명력이다. 오랫등안 전해져오는 명필들의 글씨에는 그 속에 인류가 쏟아낸 노력과 땀이 녹아 있다. 이것을 바탕에 둔 채, 쓰는 이의 매력과 동시대 이야기가 보태져야 설득력을 갖게 된다.

오래된 집이 오래가듯, 오래된 글씨가 오래간다. 오래되었다는 것은 단지 시간만을 말하는 것이 아니다. 켜켜이 쌓인 연륜을 글씨에 둔다는 말이다. 오래된 글씨들이 오늘 쓰는 글씨에 충분히 들어 있어야 한다. 오래된 오늘이 글씨에 담겨야 한다. 시간의 먹을 찍어 글씨를 써야 한다.

그리스어가 어원인 '캘리calli(아름다운) 그래피graphy(쓰는 것)'는 글자 그대로 '아름답게 글씨를 쓰는 것'을 말한다. 오늘날 한국에서 두루 쓰이는 캘리그래피는 글씨를 예쁘게 보이려는 것에 집중하여 겉치장이나 외모에 신경을 쓴다. 하여, 상업적이라는 인상이 짙다. 그렇다고 상업적인 것을 옳다 그르다 할 수 없듯이, 그 글씨들을 가지고 옳다 그르다 할 수 없다.

캘리그래피에서도 근사한 글씨와 좋은 글귀들을 종종 만난다. 그러나 대부분 스스로 쓴 문장이 아니라는 점과, 또 괜찮은 문구도 오랜 공부에서 우러나온 것이라고 보기 어려운, 보여주기 위한 즉흥적 문장에 가까운 것이 흔하다. 글씨를 아름답게 쓰고자 하는 목적은 비슷하게 보여도, 선전이나 홍보 장식 등에 많이 쓰이는 캘리그래피와 서예는 그 가는 길도 다르거니와 그 결도 사뭇 다르다. 캘리그래피가 아름다운 글자를 쓰는 것이라면, 서예는 아름다운 정신을 쓰는 것이다. 글씨의 '겉'을 쓰는 것이 아니라, 글씨의 '속'을 쓰는 것이 서예다.

한편, 캘리그래피든 서예든 붓으로 쓰는 한글이 널리널리 퍼지고, 갏이많이 생겨나며 여기저기 쓰여야 한다. 들판에 자라난 다양하고 작은 풀들이 들판 전체를 덮어 푸르게 하듯, 붓으로 쓰는 많은 한글글씨가 이 땅 전체에 피어나야 한다. 글씨를 아름닫게 쓴다는 것도 문자의 목적인 소통에 포함되기 때문이다. 그렇다고 꼭 붓으로만 써야 아름다운 글씨가 되는 것도 아니다. 오늘날엔 디지털 펜 같은 전혀 다른 필기구로도 얼마든지 다양한 표현이 가능하다. 자연의 다른 재료들과 첨단 기술들을 이용한 작품들도 새 우물을 발견하듯 나와야 한다. 하지만 이 책에서는 골똘히, 전통을 잇는 서예에 집중한다. 그것은 무엇보다 한글서예가 사라지는 까닭이요, 한글서예를 할 수 있고, 이어나갈 수 있는 사람이 지구 전체에서 우리밖에 없다는, 절절한 이유에서다.

한극에서나 외국에서도 손글씨 먹글씨뿐만 아니라, 붓글씨나 서예를 통틀어 캘리그래피라고 한다. 하지만 우리나라에서 그 용어를 서예라고 부르게 된 바에는, '서예'라는 고유명사를 사용하는 것이 그 뜻을 전하기에 적절하다고 본다. 그것은 한국에서만 붓글씨를 서예라고 부르는 까닭이다.

서예로 글씨를 쓰다 보면 어느 날, 한글과 한자의 경계가 사라진다. 입문 과정에서는 한글에 비해 오래된 역사를 지닌 한자의 다양한 서체와 변화무쌍한 기법, 풍부한 표현에 부러움을 갖게 된다. 그림을 담은 원시적 언어형태를 머금고 있으며 글자마다 그 시간만큼 오래된 이야기를 담고 있으니 당연한 일이다. 그러나 먹과 종이와 붓이 들려주는 유머를 듣기 시작하면, 이내 그 부러움은 사라진다.

단순한 기호로 보이는 한글을 대하면 그 표현과 글자꼴에 때때로 한계를 느끼지만, 오랜 수련 끝에는 결국 종이에 먹과 여백이 보이게 된다. 그 글자가 어느 언어이든 상관없다. 먹으로 그어지는 획과, 여백은 그 아름다움으로 문자의 경계를 허문다. 또한, 문장의 뜻과 정신은 국가, 민족, 인종, 성별의 경계가 없다. 언어는 경계가 있으나 거기에 담긴 뜻은 벽이 있을 리 없다.

모든 민족이 아름다운 존재이듯, 모든 언어도 아름답다. 어느 언어도 하루아침에 만들어진 것은 없다. 오늘날 인류가 쓰고 있는 모든 언어는 모든 문명의 결과이며, 다양한 문화의 줄기들이 모아진 열매다. 모든 언어는 오랜 세월 지구촌에서 함께 살아온 형제와도 같다. 글자 형태는 자연에 뿌리를 두고 살았던 일상에서 나온 것이요, 그 일상은 축적된 인간 지혜에서 비롯되었다. 지구가 둥글듯 언어 안에 담긴 뜻은 모두 이어져 있다. 그리하여 글씨는 경계가 없어진다.

한글과 한자만의 문제도 아니다. 예술에 경계가 있을 수 없다. 스스로 표현하고자 하는 것을 하면 될 일이다. 말하고자 하는 것을 훌륭히 해내면 된다. '한글'을 말하고 '한지'를 말하고 '문장'을 말하는 이유는 이 땅에서 외롭고 어렵게 전해 내려온 한글서예가 살아남기를 바라는 절박함에서다. 또한, 동시대에 어울리는 작품이 나오기를 바라는 마음에서다. 미래의 시간에서도 그 지긋한 아름다움이 이어지길 비는 절절함에서다.

일제강점기 끝 무렵, 그 탄압이 극에 달할 때, 그들은 마침내 '민족말살정책'이라는 큰 죄를 저지른다. 정책이 아닌 만행이었다. 그 핵심은 '우리글'이다. '우리말'이다. '우리 얼'이다. 그들은 이것을 말살시키는 데 골몰한다. 곧 '한글파괴'다. 아무리 압제를 더하고 고통스러운 고문으로 목숨을 빼앗아도 민족을 송두리째 앗아갈 수는 없다. 도리어 항거에 부딪치고 저항을 불러일으킨다. 그러나 글을 빼앗으면, 말을 못 하게 하면, 정신을 앗아가면 그 민족은 더 이상 힘을 쓰지 못하고 망하게 된다. 뿔뿔이 흩어지고 만다. 무섭고 악랄한 정책이 아닐 수 없다. 나라를 잃었던 시대, 그들이 이 몹쓸 민족말살이라는 만행을 저지른 이유는 명확했다. 글을 빼앗으면 나라 전체를, 민족 전체를 손에 넣을 수 있기 때문이었다.

유럽의 작은 나라들과 아프리카, 그리고 각 대륙의 순박한 원주민들은 침략해온 제국주의 국가들에게 언어와, 음식과, 옷과, 풍습과, 일상을 빼앗겼다. 그러나 먹던 음식과, 입던 옷과,

했던 말과, 쓰던 글과, 즐기던 놀이와, 부르던 노래들을 끝끝
내 품고 지켰던 누군가가 있었다면, 식민의 처참한 시간이 끝
난 후, 해방을 맞는 기쁨 위에 그것들이 더 소중히 놓이게 된
다. 그러나 그것을 지켜내지 못했던 민족들은 조상들에게 물
려받은 그 모든 것들을 송두리째 잃어버려 역사의 고아가 되
고 단다.

한 민족이 쓰는 언어 안에 그 민족의 모든 것이 들어 있다. 글
을 구성하고 있는 획은 그냥 선이 아니라, 그 언어를 쓰는 민족
의 정체요, 얼굴이요, 시간이다. 글과 말을 지킨다는 것은 민족
과 국가를 지키는 것과 다름없다. 그 민족과 국가가 살아온 시
간 속에서 아름답게 지냈던 소소한 일상과 싱거운 웃음들을
지키는 일이다.
글과 말을 지킨다는 것은, 글과 말을 아끼며 아름답게 사용한
다는 말이다. 한글서예는 우리글과 말을 지키기에 더할 수 없
이 좋은 길이다.

일본에게 나라를 빼앗겼던 시대, 그리하여 조선말과 조선 글을 마음대로 쓰지 못하게 된 시절, 부모에게 받은 이름도 성도 쓰지 못했던 때, 조선 사람이 조선도 아닌, 침략국 일본 땅 한복판에서 조선 글로 조선 시를 쓴다는 것은 얼마나 어려운 일이었을까. 타임머신을 타고 그 시간 그곳, "창밖에 밤비가 속살거리는 육첩방"(윤동주,「쉽게 씌어진 시」 부분) 그 '남의 땅'으로 들어가 본다. 그리고 원고지를 펼쳐 조선 글로 시를 써 내려가 보자. 떨리는 심장과 가눌 수 없는 긴장감으로 아름답고 고운 시를 쓸 수 있을까? 아, 스무 살 동주의 가슴은 얼마나 강한가. 시인 동주의 뜻은 얼마나 굳센가.

동주의 시는 펜으로 써 내려간 비장하며 아름다운 항거다. 그 시가 아름다우면 아름다울수록 저항은 아름답고, 그 시가 고우면 고울수록 저항은 고웁고, 그 시가 깊으면 깊을수록 저항은 깊다. 동주의 펜은 민족이 품은 마음이요, 민족이 맞닥뜨린 현실이요, 민족이 눈떠야 할 내일이었다. 동주의 떨리는 획은 치열한 독립운동이었다.

동주의 떨리는 획은 창밖에 비가 나려도 차분했고, 쫓기는 현실 속에서도 침착했다. 원고지에 써 내려간 잉크의 흔적은 번뇌하는 문장과는 달리 곱고 낭만적이며 여유롭기까지 하다. 부드럽고 강직한 그의 뜻은, 외롭고 견디기 힘든 식민지인의 슬픔과 분노를 이겨낸 획으로 보여준다.

시인의 육필 중에서도 이렇게 봄 같은 글씨는 드물다. 고웁고 따스함이 동주 글씨의 정서다. 새싹처럼 순하지만 고뇌와 연민을 지닌 글씨다. 마디마디 자연애와 인간애가 글씨에 가득하다. 곧고 고운 동주의 글씨는 지금도 우리에게 별처럼 살아있다.

서예는 아픈 현실 속에서도 먹을 가는 마음으로 글씨를 대하며, 참담한 상황 속에서도 강직하게 붓을 잡아야 한다. 일상을 떠난 글씨가 아니라, 일상 속으로 들어가 일상을 넘은 글씨를 써야 한다. 비관도 희망도 물에 타지 않고 선명하게 써야 한다.

어느 해인가 우연히 조선학교를 방문했다. 그리고 그곳 복도에서 만난 붓글씨. '조선은 하나다' '우리는 하나다' 울컥했던 순간이다. 가슴이 일렁이고 묵직한 감동이 온 몸에 퍼졌다. "아, 여기에 있었구나. 바로 이곳 조선학교에선 우리 한글서예가 살아 있었어." 학생들이 쓴 글씨와 마주한 것은 우리 역사와 마주한 것이고, 한반도 현실과 마주한 것이며, 재일조선인들의 세월과 또한, 우리 한민족의 미래와 마주한 것이었다.

그러나 알아본 바, 지금(2023년 현재)은 일본 전역에 단 한 곳, 오카야마 현에 있는 오카야마조선학교(초,중)만이 전교생을 대상으로 일주일에 한 시간씩 진행하는 서예수업이 남아 있다. 이따금 몇몇 조선학교에서 토요일 특강으로 혹은, 소조모임(방과 후 활동)으로 서예를 하는 곳이 있다고는 하지만, 전교생이 수업을 하는 곳은 없다고 한다. 서예선생님을 찾기 어려운 것이 가장 큰 이유였다. 특강도 외부에서 어렵게 서예선생님을 모셔와 학생들을 가르친다고 한다. 그러니 이곳 학생들의 글씨는 더욱 귀하다.

우리나라에도 서예수업이 정규적으로 있는 곳은 이제 찾기가 어렵다. 하여, 70년을 우리글 우리말 우리 얼을 지키려고 배우고 애써온 '오카야마조선학교 학생들의 한글서예'는 존재 그대로 우리 역사요, 우리 미래다.

말과 글을 지키려면 '얼'을 알아야 한다. 그 시대 문화가 사라지면 동시대 글자를 읽어낼 수 없다. 고대문자를 읽을 수 없는 까닭이다. 문화가 증발하면 문자는 사라진다. 하여, 조선학교 선생님과 아이들은 있는 힘을 다하여, 온 마음을 다하여 우리말 우리글 '한글'에 담긴 우리 얼을 배우고 실천하며 또 가르친다.•

• 해방이 되고도 여러 가지 사정으로, 조국인 조선 땅으로 돌아오지 못한 우리 민족은 일본 땅에서 아이를 낳고 기르게 되었다. 그곳에서 자라나는 아이들은 자연히 침략국 일본말을 쓰기 시작했다. 이런 가슴 아픈 현실 앞에 부모들이 힘을 모아 우리글 우리말 우리 얼을 잊지 않게 하려고 '교실(조선어강습소)'을 만든다. 이른바, '조선학교'다. '우리학교'라고도 한다. 그리하여 지금까지 70년을 넘게 우리글과 말을 꿋꿋하게 지켜왔다. 오늘날 남한과 북한에서 사용하는 한글을 알고 있으며 교사와 학부모, 그리고 학생들은 그들이 사는 일상에서도 한글을 쓰고 있다. 이들은 일본 땅에서 일본 이름을 가지고 일본어를 사용하며 사는 편한 생활을 버린 채, 끝끝내 귀화하지 않은 사람들이다. 오로지 우리글을 배우고 익혀 그 속에 서려 있는 우리 정신과 얼을 지키려고 한 이유다. 세월이 흘러 무디어진 '통일'이라는 화두를, 그 치명적인 현실을 붙잡고 매일 살아가는 사람들이다. 학부모들은 그 긴 세월 동안 학비와 모든 학교운영비를 감당했다. 지금까지도 일본 문부과학성으로부터 '고교 무상화' 제도와 같은 기본적인 지원도 받지 못하고 모진 어려움을 견디고 있다. 일본정부는 조선학교 졸업생들의 학력과 학위를 대부분 인정하지 않고 있다. 초기 5백 개가 넘던 조선학교는 이제 일본전역에 50군데(2023년 현재) 남짓 남아 있다.

서독과 동독의 만남도 그랬겠지만, 같은 언어는 긴밀한 만남을 가능하게 해준다. 더욱 중요한 것은, 둘 사이에 다른 이가 없어도 소통이 된다는 사실이다. 남북정상이 만난 둘만의 벤치회담은 다른 강대국들이 '우리 사이'에 없어도 이야기할 수 있다는 매우 상징적인 사건이다. 말이 통하면 속마음을 털어놓을 수 있다. 같은 언어, 같은 말을 쓴다는 것은 하루아침에 되는 일이 아니다. 뿌리가 같은 민족이기에 가능한 일이다.

한글을 쓴다는 것은 이처럼 한반도 통일의 근본이 되는 일이요, 그 어떤 명분 중에도 통일의 이유로 으뜸이라 할 수 있다. 한글은 그 존재만으로도 통일로 가는 가장 큰 길이요, 빠른 길이다.

한글서예를 이어갈 수 있는 곳도 지구에서 남북한 두 곳뿐이다.

세종은 타고난 재능과 목숨을 다하여 이 나라에 '훈민정음'을 반포한다. 계급의 문제와 소통의 문제에 있어서 혁명과도 같은 일이었다. 계급의 문제라고 한 것은, 언어가 갖는 권력을 말한다. 문자를 모르면 문자를 사용하는 자들에게 당할 수밖에 없으니, 그 사이는 갈수록 멀어진다.

훈민정음을 만들어 반포한 일은 당시 세종을 빼고는 거의 모두가 반대했다. 학문이 깊고 견문이 넓은 지식인일수록 맞섬의 세기는 강했고 집요했다. 게다가 문자를 만드는 어려움은 단순히 반대하는 정치인들, 지식인들을 상대하는 것만이 아니었다. 한자로만 세상을 살았던 모든 구조와의 싸움이었다. 세종을 제외한 세상의 모든 것들을 설득해내는 일이었다. 지치고 포기하고 싶을 때에는 세종 스스로와의 싸움이 더욱 심각했을 것이다. 화석처럼 굳어진 관념과 무심한 세월을 이긴다는 것은 거의 불가능에 가깝다. 오죽하면 임금이 문자를 만들고도 온갖 반대에 부딪혀 두 해를 넘는 동안 백성들에게 알리지 못했을까. 이 혹독한 어려움을 이겨낸 혁명이 바로 '훈민정음' 창제와 반포다.

신하들뿐 아니라, 백성들도 임금이 하는 이야기를 모든 사람들이 알아들을 필요는 없다고 생각했을지도 모른다. 백성들은 몰라도 된다는 아니, 어쩌면 몰라야 한다고 생각했는지도 모른다. 바로 이 부분이 왕인 세종과 당대 지식인, 정치인들과 완전히 다른 점이라고 생각한다. 그래서 혁명이다. 살던 방식과 개념을 흔들고 깨고 뒤집은 일이다. 모든 백성들이 사는 뜻과 이치를 알기 바라며 중국글자가 아닌, 내 나라 글자로 사람 사는 일을 이루며 살라는 것이 지도자가 가진 뜻이었다.

세종 이전까지 이 땅에 살던 사람들은 느끼고 경험한 모든 표현을 남의 나라 글자로 써야 했다. 말을 하고도 그 말을 종이 위에서 본 적이 없었다. 이 나라 사람을 만나면서도, 이 나라 풍경을 보면서도, 이 나라 말을 하면서도 모든 기록은 한자로 했다. 우리에게 제대로 된 문자가 없었기 때문이었다. 문자가 가진 미세한 느낌과 정서와 감정을 남의 나라 것으로 쓰면서 살아야 했다. 인간이 표현을 못 하고 사는 것만큼 답답한 일도 없을 텐데.

인간답게 산다는 것은 마음껏 내 마음을 표현하며 산다는 것이기도 하다.

'ㄱ'이라는 자음 한 글자보다, 'ㅏ'라는 모음 한 글자보다 우리에게 더 나은 문명이 있을까. 다석 유영모는 훈민정음을 '하늘의 계시'처럼 생각했다. 이 나라에 '이보다 더한 경사가 없다'고 하였다. 글을 몰라 멸시받고 뜻을 펼치지 못한 백성에게 글을 만들어주어 사람답게 살 길을 열어주었으니 백번 옳은 말이다. 이 강산에 살았던 사람역사를 곰곰이 더듬어보아도 이보다 더 큰일은 없었다.

세종이 백성에게 가르치려고(훈민) 했던 글자는 '정음'이었다. 정음은 글자 그대로 '옳은 소리'다. 백성들이 하는 말을 문자로 만들었으니 이 땅에서 살아가는 일을 기록할 수 있게 되었다. 우리말로 생각하고, 우리말로 말하고, 우리글로 쓰게 된 것이다. 우리가 하는 말, 했던 말, 해야 할 말을 쓸 수 있게 된 것이다. 우리말을 우리글을 붓으로 쓰는 것이 한글서예다.

세종의 언어가 없었다면 지금 우리는 어땠을까.

훈민정음이 '한글'이 된 것은 그렇게 옛날 일이 아니다. 우리말 우리글만 써도 학교교실에서 매를 맞으며 밖으로 쫓겨나던 시대에 누군가 목숨을 걸고 그것을 지켜온 사람들이 있어 세종의 언어는 사라지지 않았다. 당시 그런 이들을 길러낸 주시경이라는 국어선생이 없었다면 훈민정음은 한글로 다시 태어나지 못했을 것이다. 그의 제자들이 남북으로 들어가 우리글과 우리말을 지켜냈다. 남북에서 쓰는 말이 크게 다르지 않게 된 이유다.

한글은 그냥 만들어져서 우리 곁에 있는 것이 아니다. 말 그대로 목숨을 걸면서 우리글을 쓰고, 우리말을 말하고 지켜왔던 선조들의 끈질긴 시간이 있어 살아남은 글자다. 그리하여 "한글이 목숨"(주시경 제자 최현배가 한 말)이라는 말을 알게 된다. 이 세상에 그냥 살아남은 언어는 없다. 모든 모국어는 어머니의 희생처럼 온갖 고난과 투쟁이 남긴 유산 같은 것이다.

우리 글자를 만든 세종도 우리 글자가 이렇게 다시 태어나며 한글이라는 이름을 갖게 될지는 몰랐다. '큰 글'이요, '하나뿐인 글'이라는 뜻을 품고 부활한 글자가 바로 한글이다. 다만, '옳은 소리(정음)'라고 해도 좋았을 우리 문자를 굳이, 그렇게 —큰, 위대한, 하나뿐인— 부른 것은 우리글을 향한 사랑이 그야 말로 컸던 것은 아닐까.

세종이 지독한 한자권력에서 모든 사람을 언어로 해방시킨 '혁명의 언어'를 만들었다면, 주시경은 실제로 한국인이 쓰고 사용할 수 있도록 만든 '일상의 언어'를 선물했다. 그가 지키려고 애썼던 한글도 세종시대 못지않은 개혁이었다. 그는 정음이라는 씨앗을 터뜨렸다. 그리고 고이 길러 한글로 피워냈다. 잠자던 '정음'을 '한글'로 부활시켰다.

그리하여, 한글서예는 혁명의 언어를 쓰는 일이요, 부활의 언어를 쓰는 일이다. 지구에서 끝내 살아남은 모국어, 그 생명의 언어를 쓰는 일이다.

'모어'는 '모국어'와 그 개념이 다르다. 말은 엄마에게 배운다. 모어는 단지, 내 나라 말, 조국의 말을 뜻하는 것이 아니다. 모어는 아기가 태어나서 처음 눈을 마주친 엄마(혹은, 엄마 역할을 한 이)에게 듣고 배운 말이다. 모어는 자궁으로부터 배우는 언어다. 모어는 한 인간의 언어씨앗이다. 모어를 만나는 것은 인간이 만나는 첫 세상이요, 지구에서 받는 첫인상이요, 인간이 배우는 첫 공부다.

모어를 잃어버리는 것에는 이 땅에 와서 처음 만난 엄마를 잃어버리는 것과 같은 아픔이 있다. 엄마와 나누었던 정과, 눈 마주침과, 포근하고 따스한 포옹을 잃어버리는 일이다. 엄마가 말할 때 지녔던 가없이 자애로운 표정을 잊어버리는 일이다. 어머니의 어머니로부터 전해오던 이야기를 잃어버리는 일이다. 지구에 와서 배운 첫 세상을 잃어버리는 일이다.

그리하여 우리에게 한글서예란, 한글을 가지고 그냥 글씨를 쓰는 일이 아닌, 어머니와 나누었던 이야기를 전하고, 어머니가 지녔던 지혜와 어머니가 살았던 역사를 전하는 일이다.

물론 모든 언어는 모국어에서 비롯된다. 모국어가 있어 모어가 가능하다. 지금 지구촌에는 6천 개가 넘는 다양한 언어(모국어)가 있다지만, 언어학자들은 불과 몇십 년이 지나면 그중에 반 이상 소멸될 가능성을 진단했다. 한 달에 한두 개 언어가 세상에서 사라지는 셈이다. 오늘날 단 한 명, 단 열 명, 단 백 명이 그 언어를 쓰는 곳도 있어, 그 사람이 죽을 때 그 언어도 함께 죽어야 한다. '언어제국주의'가 낳은 서러운 결과다. 언어는 한 사람의 소중한 역사요, 그 공동체의 생생한 역사다. 한 언어가 사라지는 것은 그 민족 모든 일상이 사라지는 일이다. 한 언어가 무너지는 것은, 한 문화가 몽땅 증발되는 일이다.

한글서예를 아끼며 쓰는 것은, 한글을 쓰는 나를 지키고, 우리를 드러나게 하는 일이다. 뽐냄이 아니라, 피우는 일이다. 스스로 뿌리를 굳건히 내리는 일이다. 내 뜻을 품고 내 언어를 써서 내 글씨를 쓰는 일은 아이들에게 모어를 아름답게 심어주고 이어주는 일이다. 어머니에게 들었던 이야기를 내 아이들에게도 들려주는 일이다.

서예는 '글자'를 쓰는 일이 아니고, '글씨'를 쓰는 일이다. 글의 씨앗 곧, 자신의 뜻과 정신을 쓰는 것이다. 일상을 살면서 공부가 된 마음을 쓰는 일이다. 부호 기호로서의 문자로 글자쓰기를 하는 것이 아니다. 이를테면, 현대 언어학자 페르디낭 드 소쉬르가 말한, 그저 약속된 언어-랑그-가 아닌, 사람마다 가진 구체적 정서-빠롤-를 담아내야 한다. 내 정서를 담는 것과 함께 사회에 쓸모 있는 문장인가, 여럿이 보고 알 수 있는 글씨인가를 또한 무겁게 생각해야 한다. 하여, 한국서예가 한자에 몰두하는 것은 어색하고 딱한 일이다. 우리 삶과 떨어진 예술행위가 무슨 의미가 있는가.

예술은 그 분야의 기술을 연마하고 익히는 시간이 꼭 필요하지만, 그것처럼 중요한 것은 그 바탕이 되는 사유의 세계를 넓히는 일이다. 생각의 기초가 없다면 첫 단추를 잘못 꿴 것이며, 사고의 깊이가 없다면 개념 없는 행위를 계속하는 일이 된다. 글씨를 쓰는 기술과 방법을 먼저 배울 것이 아니라, 글씨가 무엇인지, 글씨를 왜 쓰는지, 무엇을 써야 하는지를 먼저 생각하고 배워야 한다. 물론, 서예의 개념을 배우고 공부하면서 글씨를 쓰는 동안 자연스럽게 붓 길이 보이고 붓의 힘은 길러진다.

우리나라에 한자가 들어온 역사를 고조선 이후로 본다고 하여도, 그때부터 글씨를 썼다면 한국서예는 2천 년의 시간을 품고 있다. 엄청난 세월이다. 글씨를 쓴 시간만큼, 쓰던 글자를 벗어난다는 것이 결코 쉬운 일은 아니다. 그러나 지금은 한자를 주로 썼던 시대를 모두 지나왔다. 한글을 만나고 6백 년이 흘렀다. 한자를 우기며 한글을 낮추던 시간이 그렇게 흘렀다는 말이다. 식민정책을 벗어나 모국어를 되찾은 지도 80년이 되었다. 한자서예를 벗어날 때가 되지 않았을까.

그렇다면 도대체 왜 조선을 지나 현대에 이르기까지 어떻게 한결같이 서예를 한다면 으레 한자를 쓰는 걸까? 서예라고 하면, 왜 한자를 먼저 떠올리는 걸까? 이렇게 지독한 고정관념도 드물 것이다. 가슴이 아리는 이야기지만, 우리의 자존감이 무너져서다. 언어 권력에 물들어서다. 일제강점기를 지나 해방이 해방이 아니요, 독립이 독립이 아닌 역사를 사는 까닭이다. 청산이라고는 해본 적이 없는, 가려지고 덮어진 역사를 사는 까닭이다. 숨 쉴 겨를도 주지 않는 현대사회 자본주의 구조에 빠져 사람이 사는 이유와 사는 방식을 잃어버린 까닭이다. 뜬금없는 이야기가 아니다.

역사를 들춰내는 이유는 글씨가 곧 사람 마음에서 나오는 것이요, 사람 마음은 그 민족이 지닌 역사와 문화에서 우러나오기 때문이다. 나라를 빼앗기고 주권을 빼앗기고 자유를 빼앗긴 세월 동안 그 굴곡과 가파름에, 제 것을 챙기지도 못한 딱한 사정이 우리 시간 속에 머물러 있는 것도 사실이다. 그러나 자존과 창의성은 스스로 견디며 일구어나가야 하는 일이기에 이런 변명에 숨어서는 아니 된다.

무엇보다 한글서예를 말하는 이유는, 거듭 강조하지만 서예는 내 생각을 쓰는 예술이기 때문이다. 글씨라는 기술을 쓰는 것이 아니라, 내가 품고 있는 사유의 세계를 펼치는 것이 서예다. 서예에서 한자를 강조하는 것은 한글보다 한자를 위에 놓고 '암클'이라며 깔보던 조선의 굳어진 관념과 별다르지 않다. 한자가 뜻이 깊다는 것도 그 언어가 가지고 있는 고유성이 아니라, 그 문자를 가지고 만든 문장이고 내용이다. 그러기에 우리는 우리글인 한글로 훌륭한 문장들을 만들어야 한다. 가장 아름답고 자연스럽게 사용할 수 있는 우리말과 글을 놔두고 불편한 남의 글을 계속 쓴다는 것이 얼마나 어리석은 일인지 아프게 깨달아야 한다.

우리는 한자서예에서 획과 정신을 배울 일이지, 글자를 배울 일은 아니다. 그들이 쌓아온 서법의 필력을 기르는 일과 글자 자체를 따라 쓰는 일은 전혀 다른 일이다. 언어 안에 흐르는 피와 정서를 유한한 인생으로는 바꿀 수 없다. 어찌하여 만약 그

들보다 한자를 더 잘 쓴다 하여도 그것을 내세우고 자랑할 일
은 없다. 제 나라 글과 말을 아끼며 쓰는 일에 견주어 결코 그
럴 일이 아니다.

하지만 소리글자인 한글은 그 구조가 단순하여 짜임새 있는
구성기 쉽지 않다. 문자가 가진 구조가 단순하여 변형과 응용
이 잘 보이지 않으니 당연히 '체'를 만들어내기도 까다롭다. 이
것이 서예를 하는 이들이 한글서예를 멀리하는 또 하나의 이
유라고 본다. 스스로의 체가 어려우니 쓰기를 멀리한다. 그러
나 서예는 하루아침에 해낼 수 있는 일이 아니다. 조바심으로
걷는 길이 아니다. 별을 헤아리듯 멀리 바라봐야 한다. 또한,
서예라는 장르가 근사한 글꼴과 반듯한 글씨만을 향한 것이라
면 그 매력은 길게 가지 못했을 것이다. 하지만 서예로 쓰는 문
장 속에 담긴 뜻과 정신이 그 길을 멈추게 하지 않는다. 그렇다
면 우리가 한글서예를 마다할 이유는 없다.

한글보다도 훨씬 먼저 있었던 우리말을 문자로 쓰는 것이 한
글서예다. 우리말을 글자로 표현할 수 있으며, 내 뜻을 글자로
쓸 스 있다는 것이 얼마나 신비롭고 고마운 일인가를 생각해
야 한다.
우리'말'이 중국'글자'로 변하면서 얼마나 틀린 풀이와 오해가
많았을까. 말과 문자 사이는 생각보다 멀다. 세종이 훈민정'자

字’가 아니라, 훈민정‘음音’이라고 한 것도 소리 곧, 말이 간절했던 이유다. 사용하는 말을 문자로 쓰는 것이 절절했던 거다. 그것은 다름 아닌, ‘백성들이 사용하는 말’이었다. 양반지식계층이 하던 말들이 아니고, 낮고 가진 것 없는 백성들이 말하는 소리였다. 훈민정음은 그 소리를 담았다. 그것이 정음이요, 옳은 소리다. 그 정음을 쓰는 것이 바로 한글서예다. 옳은 소리로 글씨를 쓰는 것이 한글서예다.

그리하여 한글서예는 지식을 드러내거나 권위를 앞세우는 것이 아니라, 진솔한 삶 속에서 무르익은 인격이 보여야 한다. 싱거운 일상과, 소탈한 말들이 인격이 되어 글씨로 나타나야 한다. 그것이 정음의 뜻을 알고 서예에 임하는 자세이며 그 뜻을 실천하는 일이다.

한글서예를 말하는 것은, 한자서예를 외면하고 타파하고 개혁하자는 의미가 아니다. 한국 사람에게 주어진 우리 글씨를 그냥 쓰자는 것이다. 한글서예를 쓴다는 것은 한국 사람으로서 앞섬도 아니요, 새로울 것도 없는 마땅하고 지당한 예술행위다. 그것은 낮은 자들을 위해 태어나고 사용했던 정음 곧, 한글을 향한 지극히 기본적인 예의이며 반응이다.

우리글은 '어머니소리' 모음과, '자식소리' 자음이 합쳐져 비로소 글자가 완성된다. 모음이 자음을 받쳐주고 감싸주며 덮어주어 글씨를 이룬다. '한글('한':으뜸, 큰, 많은, 넓은, 하나밖에 없는)'이란 말을 창안한 한힌샘 주시경은 『국어문전음학』에서, 스스로 소리를 내는 것이 모음이라 하였고, 모음에 기대어 비로소 소리가 나는 것을 자음이라고 설명했다.

이 구조와 관계 속에서 글씨를 써볼 수 있다. 그러면 글씨 형태와 조화가 자연스럽게 떠오른다. 모음과 자음이 갖는 '사이(관계)'는 엄마와 자식이니 그 돈독함이 묻어나와 글씨는 정이 넘친다. 억지로 맞추는 짜임이 아니요, 천륜처럼 자연스러운 어우러짐이다. 어머니 없이 자식이 홀로일 수 없고, 자식 없는 어머니소리는 쓸쓸하기 그지없다. 서로 돕는 힘이 곧 획이 되고 글씨가 된다. 존재가 존재를 생명으로 기대며 떠받든다.

어머니 말과 자식 말이 함께 세상을 향해 아름다운 소리를 낸다. 그 소리를 쓰는 것이 한글서예다.

훈민정음을 만들어 백성들에게 처음 알릴 때에 글자 수는 28자였다. 세종을 도와 정음을 만드는 데 큰 몫을 했던 정인지는 '천지만물에 소리가 있다면 천지만물에 글자가 있다'는 단순하면서도 참신한 철학을 지니고 있었다. 그래서 모든 백성들이 사물과 자연을 보며 말하는 것과, 살면서 말하는 모든 소리를 글자에 담기를 원했다. 모음과 자음의 모양과 숫자가 단출한 것은 바로 그런 이유였을 것이다.

한글은 누구든지 한나절 시간을 내어 몇 글자만 골똘히 익히면 거의 모든 표현을 할 수 있는 문자다. 그만큼 유연성과 활용도가 탁월하다. 바로 이 점에서 글자를 만든 이의 속마음이 뚜렷하게 드러난다. 한글은 그야말로 '만백성'으로 일컫는 모든 사람을 향해 있다. 여자 어린아이 남자 노인뿐만 아니라, 교육을 받지 못한 사람들도 누구나 쉽게 외우고 쓸 수 있도록 만들었다. 아니, 쉽지 않았다면 세종이 만든 정음은 아마 실패했을지도 모른다. 쉬워야만 했다. 그리하여 한글은 배려와 연민의 글자다. 그래서 '교민敎民'이라 하지 않고, '훈민訓民'이라고 했다. '낮은 자'들을 가르친다는 뜻을 품고 있다.

한글은 대부분 몇 획 되지 않는 모음과 자음으로 되어 있다. 단순하고 단출한 구성이다. 단순한 것이 복잡한 것보다 더 어렵다. 쉬운 것이 어려운 것보다 훨씬 더 어렵다. 여기서 어렵다는 것은 깊다는 말이기도 하다. 치밀하게 얽히고설킨 것이 언뜻 보기에는 어렵게 보이지만, 사실 어수룩하고 간단한 것이 더 어렵다.
여백에서만이 아니라, 글씨에서도 '비움'이 보여야 한다. 무릇 비어 있고 헐렁하고 어리숙한 것이 글씨가 다다라야 할 곳이다. '허虛'나 '공空'이 품은 뜻은 그래서 어렵고 깊다. 쉬워서 어렵고 보이지 않아 깊다. 자연은 뭘 하지 않는 것처럼 보이지만 헤아릴 수 없이 많은 일을 하는 것과 같다. 시끄럽고 장황하고 화려한 일들은 오래가지 못한다. 그때뿐이다. 대개 그런 것들은 들여다보면 별것도 아니다. 마침내, 겨울의 침묵이 봄을 만든다.

쉽다는 것은 어려운 것을 넘어섰다는 말이다. 어려운 것을 넘어 있다는 말이기도 하다. "크게 아름답고 교묘한 것은 서툴고 못나 보인다"('대교약졸', 노자)고 했고, "큰 말은 담담하고 싱겁다"('대언담담', 장자)고 했다. 난숙한 것은 도리어 초라해 보일 때가 있다. 무르익은 것은 쉽다.

한글은 그 형상과 구조로 이미 '쉬운 것이 옳다'는 명쾌한 화두를 품고 있다. 어리석게 보이는 몇 개의 획으로 꽉 찬 정신을 써야 한다. 획 숫자는 문제가 아니다. 그 문장이 갖는 뜻이 중요하다. 한글은 서예가 가야 할 곳을 미리 알려주는 계시 같은 문자다.

우리에게 글자가 생기고 조선시대를 지나며 누군가 어느 곳에서 글씨를 써왔겠지만 한글서예는 느리게 진화했다. 그 이유는 권력을 쥐고 있는 남자들이 한글보다는 한자를 즐겨 썼기 때문이다. 권력을 쥐고 있다는 말은, 글자로 그 힘을 발휘하고, 그것을 쓰는 사용처도 그만큼 많다는 말이다. 사대부 양반들은 부인이나 며느리에게 편지를 쓸 때나 한글을 사용했다. 한자에 능통하지 못했던 여성들에게 보냈던 편지에 써 내려간 한글글씨가 그 흔적의 대부분이다.

편지라는 것이 사사로운 개인의 처지와 상황을 알리는 소식이기도 하지만, 왕래에 별다른 통로가 없던 그 당시는 정치 경제 문학 시사를 주고받는 치열한 토론장 역할도 했다. 하여, 같은 편지라도 사대부끼리는 자신의 뜻과 사상을 펼치려 여지없이 한자가 동원되었다. 진보적 사상을 가진 남성들도 '늘 그랬던 것처럼' 그렇게 글씨를 썼다. 양반남성은 늘 써오던 한자가 있었으니 굳이 한글을 사용할 이유도 없었다. 그들은 '한자세상'에서 살았다. 그 안에서 기뻤고 슬펐으며 꿈을 꾸었다. 한자로 세상을 보았고, 한자로 미래를 생각했다. 바꾸기 어려운 세상이었다. 어떤 장르이든 진보라는 것이 얼마나 어려운 일인지 새삼스럽다. 어떤 일을 새롭게 시작하는 것보다 훨씬 어려운 것은 늘 그렇게 해오던 것을 바꾸는 일이다.

해례본에 새겨진 훈민정음 글꼴은 판본체로 시작된다. 이후, 훈민정음 창제를 바로 곁에서 도왔던 세종의 아들 진양대군, 안평대군, 동궁(문종), 당대 명필 강희안 등과 집현전학자 정인지를 비롯한 관료들, 그리고 궁녀에 이르기까지 정음을 만난 사람들은 모두 한글글씨를 썼을 것이다. 그 시간과 과정에서 한글서예는 진화했으리라 본다. 더군다나 이들은 글씨를 그냥 쓴 것이 아니라, 반포 전후까지 부딪쳤던 반대파들에 대한 설득과, 백성을 향한 홍보와 보급이라는 사명감, 거기에 타고난 저마다의 솜씨와 재주를 얹어 글씨를 조금씩 발전시켰으리라 짐작된다.

그러나 역시 대군, 학자, 관료인 남성들은 아무리 정음을 인식하였다 하더라도 한자를 버릴 수 없는 현실의 강이 깊었다. 이를테면, 나라의 중요 행정과 국제적 교류를 처리하는 공문서는 하던 대로 한자를 사용했다. 그럼에도 세종은 이과와 이전 시험에 훈민정음을 합자할 수 있는 사람을 뽑는 등 보급에 신경을 썼다. 또한, 훈민정음 반포 전에 「용비어천가」, 「월인천강지곡」 같은 '노래 시'까지 지어 홍보에 몰두했을 만큼 꼼꼼히

두루 살폈지만, 결국 조선 지식인들을 파고드는 큰 흐름을 만들어내지는 못했다.

열일곱 명, 왕이 바뀌고 4백 년이 흘러 한층 진보적 사회를 이룬 조선후기의 실학파 지식인 홍대용, 정약용, 박지원, 이덕무, 박제가, 김정희 등도 한글보다는 한자를 애용했다. 인품과 사상, 철학과 시사를 담아 나누기에는 그들에게 폼 나는 한자가 훨씬 더 입맛에 당겼을 것이다. 역시, 훈민정음은 '어린—어리석은, 소통이 어려운—' 백성을 위한 글자였다. 한자에 능통했던 양반 사대부 남성들에게 한글은 뒷전이었다. 그러기에, 한글서예를 발전시킨 사람은 다름 아닌, 여성이었다. 궁 안에서 살며 생활하던 궁녀들이었다. 그중에서도 몇 안 되는 지밀상궁들이다.

판본체로 태어난 훈민정음은 글꼴이 반듯하고 또렷하여 읽기는 쉬웠으나 쓰기에는 느리고 불편했다. 실용적인 글씨가 간절했다. 이것을 해결한 글씨가 바로 '궁체'다. 그러나 초기 궁체는 판본체에 가깝게 썼을 테고, 점차 빼어난 글씨 솜씨를 가진 궁 안 사람들이 발전시켰으리라 본다.

궁체라는 용어는 17세기 초에 중국에서 이미 사용했다고 하며, 우리나라에서는 18세기 말 즈음에 쓰였다. 그러므로 궁체라는 말은 홀로 한글서체를 가리키는 것이 아닌, '궁 안에서 쓴 글씨'를 일컫는 말이다. 이 글(책)에서는 '한글궁체'를 말한다.

궁체는 교서(임금명령을 쓴 문서)나 봉서(편지)를 쓴 서사상궁들을 통해 발전하며, 한자서예를 벗어난 독특한 장르로 자리매김한다. 물론, 궁체는 조선을 지나면서 거듭 진화했다. 임금과 왕후, 왕실가족들, 신하와 궁인들 특히, 서사書寫를 맡았던 상궁들에 이르기까지 한글글씨를 썼던 모든 사람들의 글씨가 보태지고 변화되어 발전했다. 왕후나 공주들 중에서도 한글서예에 빼어난 재주를 가진 이가 있었지만, 역시 서예는 세월이 쌓인 수련이 있어야 진전하는 바, 궁 안에서 어릴 때부터 숨처럼 써 내려간 궁녀들의 기록이 한글서예의 진수로 거듭나게 된다.

어린 나이로 궁에 들어가 격조 있는 가르침을 받으며 엄격한 수련을 통해 나온 글씨요, 그중에서도 뽑힌 궁녀들의 글씨이니 으뜸가는 재주와 솜씨임에 분명하다. 그들이 바로 지밀에서 일하던 궁녀들이다. 궁녀 수백 명에서 가린 몇십 명밖에 되지 않는 여성들이었다. 그들은 왕실에서 오고가는 문서를 다뤘으니 글씨를 쓰는 법이나 대하는 태도에 엄하고 철저한 훈련을 받았다.

궁 안에서 여성들이 정음을 기록하고 사용하면서 그 지위와 권위도 자연스럽게 올라갔을 것이다. 시켜서 쓰는 글 심부름이라고 하여도 글씨를 쓰고 기록을 하며 자연적으로 사회적 관계도 생겨났을 것이다. 정음을 낮춰 여겼던 것은 단지 글자뿐만 아니라, 주로 그것을 사용했던 여성들도 함께 낮춰 보았던 시대상황을 말해준다. 그러나 여성들은 한글을 사용하며, 자신들도 모르는 가운데 사회적 지위와 평등의식까지도 높

아졌을 것이다. 당연히 문자를 공유하는 일은 당대 지식과 기술, 나아가 지혜까지 나누는 일이라고 할 수 있다. 지배계층에서 깔보던 '언문'을 여성들이 사용하면서 도리어 여성의 지위가 조금씩 올라갔다는 것은 매우 흥미로운 아이러니다. 그것은 묵묵히 버텼던 여성들의 진보적 사상과 행동이 낳은 귀중한 열매였다.

조선을 통틀어 모든 권력의 중심에서 이득과 권세를 양반남성들이 챙겼다고 한다면, 한글서예에서만은 여성들이 제 몫을 차지했다. 조선을 다 지나면서도 세종이 그토록 바라고 원했던 꿈은 좀처럼 이루어지지 않았다. 널리 누구나 사용하라던 훈민정음을 정작 어린백성―특히, 노비, 아이, 여성―들은 잘 몰랐다. 궁 안 여성들, 좁혀 왕실여성과 궁녀들 또한, 양반층 여성들이 끝내 한글을 사용하며 그들에게 전파했고 후대에 전했다.
한글을 연민의 문자라고 했는데, 그런 면에서 한글은 평등의 언어요, 낮은 자들을 위한 언어다. 바로 그 중심에 여성들이 있다. 그들의 역할이 절대적이었다. 역설적이면서도 위대한 역사다. 양반남성들에게 한글이 애물단지였다면, 여성들에게 한글은 자식 같은 존재였다. '암클'이라고까지 하며 한글을 낮춰 부른 시대상황을 눈여겨본다면, 남성들에게 한글은 내놓은 자식이었고, 그 불쌍한 존재를 여성들이 품고 아껴 키운 것이다. 조선왕조 5백 년을 통틀어 '한글'만한 문명이 우리에게 없으며, 그리하여 여성들이 품고 기른 '궁체'는 한반도 5천 년 역사에 가장 빛나고 아름다운 유산이다.

오늘날, 궁체에 뿌리를 두고 쓰는 다양한 한글글씨체는 지밀궁녀 곧, 여성들의 노력과 솜씨가 바탕이 되었을 뿐 아니라, 6세기가 지난 지금도 그것에서 크게 벗어나지 않는다. 오늘날 한글서예의 변형들을 보면, 그 글꼴과 표현들이 도리어 훈민정음 판본체나 궁체가 가지고 있는 고유성에 비해 덜하다. 그만큼 조선과 당대 여성들이 썼던 글씨에서 풍기는 품격과 예술적 감각이 무쌍하며 탁월하다.

궁체는 아침세수를 한 듯 산뜻하고, 저고리 선처럼 가지런한 글씨다. 자상하고 민감하며 꿋꿋하고 섬세하다. 궁체는 그 글꼴이 정숙하면서도 강직하여 고요하면서도 은근한 울림이 있다. 한편, 조심스러운 궁 안 생활이 있어 긴장감이 없지 않지만, 특유의 여성성과 모성애가 닿아 모음과 자음을 어루만지듯 자상한 글꼴을 유지한다. 한결같으나 리듬감이 살아 있다. 고아하면서도 통속적인 글꼴로 부담이 없다. 그 글씨는 흐트러짐이 없고 총명하며 세심하면서도 부드러운 아름다움을 품고 있다. 과연 한글글씨의 본보기라고 할 수 있다.

서예의 진수가 그러하다. 서예는 깔끔하면서도 자연스러운 글씨로 굳세게 제 뜻을 모아 공손함으로 견해를 내놓는 예술이다.

궁 안에서 흐르는 시간은 궁 밖과는 조금 다르다. 해가 뜨고 지는 시간이야 다를 것이 없지만, 궁 안 시간은 그야말로 해 아래 새것이 없다. 한결같고 파격은 찾기 어렵다. 진공과 같은 시간 속에서 치르는 노동은 힘겹다. 책임의 무게는 목숨이다. 나라를 움직이는 긴장감에 따른 시간은 좀처럼 유연하지 못하다. 자연스러운 숨이 어려웠을 것이다. 그 시간 속에서 먹을 갈고 붓을 들어 쓴 글씨가 궁체다.

판본체로 태어난 정음은 지밀에서 오고가는 말들을 붓으로 옮기기에는 속도가 맞지 않았다. 하여, 지밀궁녀들은 그 속도와 시간에 따른 글씨체를 만들어내야만 했다. 궁체는, 궁 안에서 오고가던 말들의 시간 속에서 태어난다.
그렇다고 경박하게 날려 쓴 글씨의 흔적은 보이지 않는다. 당연히 왕실과 지밀에서 나오는 언어와 말들을 옮기는 일이니 진중함이 없을 수 없다. 그것이 촌음을 다투는 일이었다 하더라도, 글씨를 쓰는 예법에서 벗어나지는 않았을 것이다.

흘림체는 궁 밖에서나 가능한 글씨다. 공문을 다루는 글씨로는 적절치 않다. 흘림은 궁 밖 사정에서 나온 속도일 것이다. 그리하여 궁 안에서 흐르는 먹과 붓의 시간은 말쑥한 궁체를 낳았다.

민체, 그냥 다른

살면서, 할머니들이 기가 막힌 방법으로 보따리를 쌀 때, 어머니들이 부엌살림에 남다른 솜씨를 발휘할 때 우리는 신선함을 맛본다. 때론, 어린아이가 우리가 흔히 쓰는 언어가 아닌 색다른 말을 할 때 '다른 세상'을 만난다. 이렇게, 억지가 아닌 자연스러운 파격적 혁명은 종종 서민들 삶 속에서 태어난다.

신라 토우에서 보는 다양한 형상과 이야기가 이를 충분히 말해주고 있다. 한 항아리에 사람과 벌레와 짐승과 동물과 소소한 물건들이 조금도 어색하지 않게 섞여 붙어 있어 마치 이런저런 풀과 나무와 꽃이 피어난 숲에 들어온 듯하다. 삶과 일상이 아무렇지도 않게 흩어진 듯 하나고, 하나인 듯 자존감 넘치는 개체생명으로서 펄펄 살아 있다. 파격적 소재들이 흙과 함께 늑아들어 그렇게 자연스러울 수가 없다. 우리에게 그런 글씨가 있다. 민체다.

앞서 궁체를 말했지만, 애초 백성들을 위해 만든 한글이었기에 한글서예는 궁 안이 아닌, 궁 밖에서 훨씬 더 생명력을 갖게 된다. 궁 밖 사람들은 가르쳐주는 이도 드물고, 제대로 배워본 적도 없으니 글씨에 사심이 들어 있을 리 없다. 법첩이니 서법이니 하는 것은 처음부터 관심 밖이다. 그러기에 민체는 들에 핀 꽃처럼 흐드러지게 피어날 수 있었다. 아무렇게 핀 꽃이지만, 자연스럽게 핀 꽃이다. 물론, 궁 안에서 쓰던 궁체가 궁 밖으로 나오지 않았을 리 없다. 이 사람 저 사람을 통하며 전해졌을 테고, 재주 있고 총기 있는 어느 백성이 눈여겨보며 어깨너머로 배웠을 것이다. 거기에 저마다 지닌 재주가 보태져 민체는 점진적으로 형성되어 갔을 것이다.

궁 안에서는 한 가지 글씨, 배운 글씨, 엄격한 글씨, 이어져오는 글씨로 궁체가 만들어졌겠지만, 궁 밖에서는 누구든지 한 글을 쓰는 만큼 민체요, 쓰는 만큼 다른 체가 생겨났다. 자유로운 시간에서 나오는 글씨는 자유롭다. 하여, 흘림체는 속된 글씨가 아니라, 민중들이 사는 일상의 속도에서 나온 글씨다. 한가하면 한가한 대로 바쁘면 바쁜 대로 나온 글씨다.

이른바, 민체는 자연스러운 파격이 풍성한 동산이다. 올라갈 수도 없는 높고 뾰족한 곳이 아닌, 나지막한 데다 바로 뒤에 있어 전혀 부담이 없는 마을동산처럼 민체가 보여주는 글씨는 살갑고 정답다. 그러나 파격이라고 할 만큼 저마다 글씨가 제멋대로여서 속없는 웃음을 자아낸다. 사람마다 쓰는 말이 다르듯, 집집마다 웃음소리가 다르듯, 민체에는 저마다 고유한 생김새가 있다. 글씨가 서툴지만 문맹을 벗어나고픈 비장함이 없다. 오히려 과하지 않은 유머가 비친다.

민처는 숨처럼 무심한 글씨다. 식구들끼리 주고받는 농담처럼 싱거운 글씨요, 가계부나 일기장에 써놓는 격의 없는 글씨다. 헐렁한 옷처럼 편한 글씨요, 오래된 펜처럼 친숙한 글씨다. 비단처럼 부담스럽지 않고 목화솜처럼 포근한 글씨다. 하루 종일 바람이나 일렁이는 무명초 같은 글씨요, 밥처럼 미더운 글씨다.

민체는 법첩보다 도리어 오래되어 얽매임이 없다. 오래되었다는 것은 사람이 산 만큼을 말한다. 살아온 일상을 말한다. 얽매임이 없다는 것은 가까스로 벗어났다는 말이 아니요, 억지로 깨뜨린 것도 아니다. 그냥 처음부터 다른 글씨다. 부모에게 전수받은 것은 아니지만, 글씨에 엄마가 들었고 아버지가 들었고 할머니가 들었고 할아버지가 들었다. 그들의 아픔이 들었고 웃음이 들었다. 이 글씨에는 초가의 수수한 냄새와 기와에서 풍기는 정갈함이 엿보인다. 그야말로 아속이 함께 들었다. 곁에 있던 삶과 시간들이 그대로 글씨가 되었다.

씨앗을 뿌리던 손이 쓴 글씨요, 빨래하던 손이 쓴 글씨요, 설거지하던 손이 쓴 글씨요, 나무하던 손이 쓴 글씨요, 밭을 갈던 손이 쓴 글씨다. 민체는 글씨 그대로 우리 삶이요, 우리 숨이다. 그리하여 우리 글씨다.

나무가 산에 기대는 것이 있을까. 별도 혼자 보고, 햇살도 혼자 받고, 아침도 밤도 혼자 맞는다. 엄마나무와 동무나무는 그냥 곁에 있어줄 뿐이다. 같은 땅을 덮고 있어도 뿌리는 혼자 자라나야 한다. 그리하여 '저다운' 생명이 된다. 저다운 생명은 저다운 삶을 산다. 저다운 흔들림과 저다운 굳셈으로 바람과 노닐게 된다.

그러나 생각해보면 나무가 혼자 하루를 견딜 수 있는 것도 곁에 또 다른 나무가 있어서다. 멀리서 불어오는 바람이 있어서다. 가끔 나리는 비도 있어서다. 저다운 생명도 혼자서는 아니된다. '저답다'는 것은 '다른' 것이 있어서 존재한다. 다른 생명들과 어울려 산다는 것은, 그만큼 저다운 생명으로 살아 있을 때 가능하다.

어떤 글씨든지 다른 글씨들이 가진 자양분을 먹고 자란다. 그리고 시간이 흘러 이 세상 수많은 글씨들에게서 독립하여 저다운 글씨를 쓸 때, 비로소 저다운 세상이 열린다. 글씨 안에 저다운 시간이 스며 있는 까닭이다.

산은 이름이 없다. 바다도 없다. 강도 꽃도 나무도 이름이 없다. 자연은 그냥 거기 있을 뿐, 사람들이 구분 짓고 기억하기 쉽게 이름을 짓고 이미지를 만든다.

글씨도 그렇다. 그냥 쓴 것을 무슨 체, 무슨 체라고 부른다. 글꼴로 글씨를 가둔다. 그리하여 틀을 만들 뿐. 글씨는 다만, 계속 진화한다. 쓰는 누구든. 어떤 글씨든.

서예는 자라고 나아갈 것이다. 말은 오고가고 문자는 소통되는 까닭이다. 사람이 산 것처럼 글씨도 살아갈 것이다.

먹을 갈아 글씨를 쓰는 일이 몸과 마음을 닦는 일일 수 있으나, 도를 닦는 일도 곁에 사람이 없다면 아무것도 아니다. 골똘히 책을 읽는 것도, 어떤 기술습득에 매진하는 것도 문을 열고 나가면 '사람'이 있기에 가능한 일이다.

글씨를 쓴다는 것은, 나 스스로에게 이야기하는 것이기도 하지만, 다른 이들에게 말하는 것이기도 하다. 아니, 어쩌면 다른 사람이 봐주지 않는다면 글씨를 쓴다는 것은 허망한 일이다. 한글 태생의 목적이 다름 아닌 소통에 있는 까닭이다. 그러므르 또 한 번, 우리는 한글서예에 마음이 간다. 읽지도 못하는 한자가 아니라, 뜻도 잘 모르는 한자서예가 아니라, 읽고 뜻을 나눌 수 있는 한글로 서예를 하는 것이 마땅하다.

사람은 그 어떤 일을 하더라도 그 일을 기다리는 사람이 있어야 한다. 지금, 문을 열고 나가면 누가 나를 기다리며 서 있을까.

결국, 말하려는 것이 있어야 붓을 들고 글씨를 쓴다. 쓴다는 것은 말하려는 것이 있다는 말이다. 그것이 가능하려면 끊임없이 스스로 다지는 공부와, 슬픔을 볼 수 있는 눈, 우주를 바라보는 마음, 명랑한 상상력이 요구된다. 거기서 우러나오는 훌륭한 표현들과 탄탄하고 참신한 문장력을 길러야 한다.

오늘을 사는 우리에게서 나올 글귀와 문장은 기후위기, 전쟁, 난민, 테러, 가난, 계급, 노동문제에 대한 절박함이 있어야 한다. 북극 문제는 북극만의 문제가 아니다. 남극 문제는 남극만의 문제가 아니다. 아마존의 문제는 아마존만의 문제가 결코 아니다. 툰드라의 순록이 죽어가고, 북극곰이 죽어가고, 남극 펭귄이 죽어가고, 바다고래가 죽어가고, 숲이 사라지고, 밀림이 줄어드는 현실은 지구에 붙어사는 모든 생명체와 우리 인간의 숨 같은 현실이다. 그 공동체의식이 지구를 살릴 수 있는 희망이 된다.
우리 눈앞에 역사청산, 분단, 통일, 평화라는 숙제가 놓여 있다. 이렇게 쌓인 문제들을 뒤로하고 서예에서 다루는 이야기가 산수와 격언에 갇혀 있다는 것은 고루함을 넘어 신랄하게 말한다면 죄다.

현실은 오늘도 거친 숨을 쉬고 있다. 옛날이든, 앞날이든 "모든 역사는 현대사"라고 한 베네데토 크로체의 말은 지당하다. 강물을 막는 몹쓸 정책 앞에서, 갯벌을 덮는 폭력적 무지함 앞에서, 쓰레기가 섬이 되는 비통한 현실 앞에서, 핵폐기물이 바다로 쏟아지는 끔찍한 부당거래 앞에서 어떤 글을 써야 할지 진지하게 고민해야 한다. 내가 쓰는 글씨를 식구와 벗들 앞에서 또한, 자식과 후손들 앞에서 떳떳하게 읽을 수 있을지 생각해야 한다. 오늘 내가 쓴 글씨를, 이웃과 사회 앞에 뜻깊게 내놓을 수 있을지 스스로에게 몇 번이고 물어봐야 한다.

먹을 가는 것은, 이 현실과 미래 앞에 글씨를 쓰기 위해서다. 붓을 든다는 것은, 현장에서 들고 온 문장을 쓰기 위함이다. 내가 쓰는 글씨가 이 시대와 함께 숨 쉬고 있는지 알아차려야 한다. 거울처럼 들여다본 일상과, 감추지 않은 역사에서 길어 올린 애끓는 문장이 글씨가 되어야 한다. 이러한 세상에게, 오늘에게, 내일에게 말하려는 것이 우리가 써야 할 글씨다.

내가 마음 기울여 동참하고 직접 겪지 않으면 동시대에 흐르는 언어는 건질 수 없다. 서예의 문장도 삶의 현장에서 캐내지 못하면 생명력은 사라진다. 종이에 펼쳐질 세상과 현실이 멀수록 생명력은 더욱 떨어진다. 무엇보다 스스로의 문장에 골똘해야 한다. 또한, 그 문장이 오늘날을 사는 우리에게서 나온 것인지 분명하게 물어봐야 한다.

그리하여 다시 한 번 참마음으로 강조하거니와 제 뜻과 제 문장을 만들어야 한다. 말하려는 뜻을 아름다운 문장으로 짓고 써야 한다. 시켜서 하는 공부가 아닌, 무엇을 얻으려고 하는 공부가 아닌, 그냥 알고자, 그냥 좋아서 하는 내 공부가 있어야 한다. 그래야 비로소 글씨로 말할 수 있다.

진나라 왕 영정(훗날 진시황)을 제거하려는, 당대 제일 무림고수들의 이야기, 「영웅-천하의 시작」(2002, 장예모 감독)이라는 영화에는 모래에 쓰는 글씨가 나온다. 빗발치는 화살 속에서도 노스승과 여러 제자들은 태연하게 글씨를 쓴다. 이 장면에서 눈에 띄는 것은 막대기로 모래에 쓰는 글씨다. 막대기가 지나간 후에 획은 쉽게 남지 않는다. 모래는 흘러내리기 때문이다. 같은 건물 안에서 고수 '파검'도 글씨를 쓴다. 붉은 먹으로 써 내려간 글씨는 '劍검'이란 글자다. 이 장면과 오버랩하여 건물 바깥에서는, 정평이 나 있는 진나라 궁수들이 쏘아대는 화살을 주인공 '무명'과 '비설'이 춤추듯 막아낸다. 그 부드럽고 우아한 검술은 경지에 오른 파검의 글씨와 다르지 않다.

무명에게 '천하통일'이라는 대의를 말하며, '암살포기-오랜 전쟁과 복수로 인해 끊임없이 반복되는 백성들의 희생과, 죽음의 비극을 끝내려는-'를 청한 파검이 모래에 쓰는 글씨는 퍽 인상적이다. 바람이 불고, 모래는 긴 막대기에서 공중으로 날리지만 파검은 거침없이 써 내려간다. 남지 않아도 쓰는 글씨다. 남지 않는다는 것을 알고도 쓰는 글씨다. 흩어지고 흘러내리는 모래 위에 칼로 허공을 가르듯 붓이 움직인다.

관객에게 보여주지 않았던 그 글자는 '天下천하'였다. 이 필력은, 검과 닿아 있고 마음과 닿아 있고 글씨를 쓰는 궁극적 도에 닿아 있다. 단 두 글자가, 쓰는 사람에 의해, 쓰는 목적에 따라 전혀 다른 뜻으로 변한다. 힘을 넘어 있는 힘과, 힘을 주지 않은 힘으로 쓴 이 글씨는 흘러내리는 모래조차 덮을 수 없었다.

이런저런 곡절 끝에 무명은 마침내 영정 앞에 앉게 되고, 영정은 파검이 보내온 글씨를 보게 된다. 열 발자국 앞에선 어떤 상황에도 암살이 가능한 무명 앞에서, 흔들리는 촛불에 살기를 느낀 영정은 죽음을 예감한다. 그러나 파검이 쓰고 보내온 붉은 글씨를 보는 순간 암살을 거둘 수도 있다는 뜻을 읽게 된다. 힘을 준 흔적도 없고, 끊어 쓴 획의 마디도 없고, 붓이 머문 자리도 없는 '劍검'이란 글씨. 힘을 뺀 힘으로 쓴 글씨였다. 그 부드러운 획 안에 백성들의 피와 살과 뼈가, 그리고 천하를 품은 ―전쟁을 끝내라는― 절절함이 스며 있었다.

글씨를 보며 '검(붓)이 곧 사람'이고 '사람이 곧 검(붓)'이라는 경지를 읽은 영정은 그 부드러운 힘에 압도당하며 바라볼 뿐이었다.

신동호 시인은, "농현은 국악엔 있고 삶엔 없다"고 슬퍼한다. '도와 레' 사이에 무수한 음이 있다는 거다. 좌 아니면 우, 진보 아니면 보수밖에 없는 배타적 분리정책은 우리 민족을 사색할 줄 모르는 집단으로 몰고 간다. 더욱 치명적인 상처는 어느 한 편에 속해야만 살아남는다는 강박을 심었다는 데 있다. 이 유치한 눈치게임은 철학을 모르는 인간으로 굳어지게 만든다. 사유하는 민족이 아닌, 쏠림과 유행으로 사는 집단이 된다. 다른 피부색, 다른 견해, 다른 가치관, 다른 철학들에 대해 경시를 넘어 멸시로, 외면을 넘어 단절로 굳어지게 된다.

하루에도 열두 번씩 바뀌는 것이 사람 마음이요, 아무리 가까운 벗이라도 다른 의견을 낼 수 있으며, 어느 날엔 마음 가는 대로 살고 싶은 것이 인생이다. 어찌 매일매일 변화하는 세상에서 떨림이 없고 울림이 없을까. 모르는 진동을 느끼며 우리는 살아간다. 일상에 일렁이는 작은 파동들이 끝내 우리를 진전하는 사람으로 만들어준다.

강물에 물결이 사라진다면 그것은 죽은 강이다. 바다에 파도가 그친다면 물은 이내 썩어 큰 무덤이 되고 만다. 느긋한 유연성과 섬세한 헤아림이 살아난다면 세상은 서로에게 얼마나 너그러워질까.

진한 먹물은 진한 대로, 묽은 먹물은 묽은 대로, 먹을 머금은 붓의 맛이 다른 것처럼, 글씨도 제 숨결을 따라 써야 맛이다. 그리하여 먹이 짙고 옅음과 번지는 먹의 멋을 알게 된다. 번짐도 글씨를 이루는 매우 중요한 하나의 형태요, 기술이다. 먹이 번지는 동안 기다림은 숨도 쉬지 않는 집중력이 필요하다. 그것은 글씨의 뼈대와 매우 긴밀한 관계를 가지고 있다. 그냥 퍼짐이 아니라 이유가 있는 번짐이다. 획을 감도는 기운 같고, 획을 맴도는 바람 같다. 그 기운과 바람이 붓의 힘을 증명한다. 붓 길의 속도와 숨이 글씨를 만든다.

볼펜과 사인펜 만년필은 정한 만큼 잉크가 묻어나온다. 그러나 붓은 쓰는 이의 손놀림에서 먹의 농도가 확연히 달라진다. 그 열린 자유가, 절제라는 미덕 속에서 춤을 춘다.

농현의 유연성도 연주자의 손에 달려 있다. 그 감정에 실린 떨림으로 다른 음악이 된다. 연주자마다 정서와 톤과 음색이 다른 이유다. 때론 작은 파문처럼, 때론 거센 파도처럼, 때론 호수처럼, 때론 시냇물처럼 곡을 연주하는 농현弄絃이 곧, 글씨를 만드는 먹과 붓의 어울림이다.

오늘날 우리가 사용하는 필기구는 연필, 만년필, 볼펜, 사인펜, 매직펜 등 퍽 다양하다. 쓰임새에 따라 적절한 필기구들이다. 연필은 심에 따라 연함과 진함이 나뉘고, 셈여림으로 눌러 쓰는 정도에 따라 글씨가 달라진다. 지우개로 지울 수 있으니 비밀도 가능하다. 종이에 스며드는 잉크의 번짐이 근사한 만년필은 보기도 좋아 품위가 흐르는 필기구다. 편리함과 간편함으로는 볼펜을 따라올 것이 없겠다. 필기의 속도감이 일품이다. 눈에 띄는 글씨를 쓰는 사인펜과 매직펜도 꽤 쓸모가 있다. 그렇다면 이런 필기구와 붓이 다른 점은 무얼까. 다름 아닌, 휘어지는 유연성이다. 탄성과 유인성이다. 그리하여 붓은 노래가 되고 춤이 되고 움직이는 마음이 된다. 붓은 휘어짐으로 일어나고 일어나면서 꺾어지는 변화무쌍한 자유로움을 지니고 있다. 그 유연함으로 부드러운 단호함과 느슨한 긴장감이 표현된다. 바로 이것이 서법에 얽매이지 않는 자유를 만들며, 서첩을 뚫고 지나갈 길을 열어준다.

'서예 붓'이야말로 글씨를 쓰는 데에 최상의 도구다. 누르고 찍

고 들고 삐치고 지나가는 붓이 그 일을 해낸다. 문자도 처음에
는 그림이었으니 이것을 표현하기에는 붓이 으뜸이다. 붓은
그 자유분방한 존재감으로 언어가 된다. 그 유연성과 사람의
손이 만나 헤아릴 수 없는 아름다운 글씨가 태어난다. 수천 년
을 흐르면서도 붓은 그 형태가 좀처럼 변하지 않았다. 그만큼
완성도를 갖춘 필기구다. 과학기술이 첨단을 넘는다 해도 붓
은 그대로 붓일 것이다.

서예는 붓으로 내 뜻을 그리는 것이다. 여기서 그린다는 뉘앙
스는 꽤 회화적이다. 단지 문자를 구성한다는 틀을 벗어나, 뜻
을 그려낸다는 말이다. 획 하나하나에 그 뜻이 새겨진다. 문자
는 단순한 기호를 넘어 생각이 되어 그려진다.
붓의 떨림과 흐름이 언어가 된다. 붓이 곧, 언어가 된다. 붓으로
그 세상이 펼쳐진다.

이 세상 모든 글씨

우편으로 편지를 받는 시대가 아니어서, 이런저런 우편물을 받으면 그 봉투에 적힌 손글씨가 애틋하였다. 하여, 어느 날부턴가 그 봉투들을 모아두었다. 가수, 배우, 시인, 선생, 화가, 목사, 스님. 신부, 수녀 등 사는 모습과 길이 다른 사람들이 보내온 우편물이다.

봉투에는 한글과 아라비아숫자, 한자와 영어도 쓰여 있다. 제각기 다른 글씨체를 보는 재미가 크다. 선물로 보내오는 책 속에 지은이 손으로 쓴 글씨에는 그의 성격과 태도, 기질, 문학적 재치들이 엿보인다. '글씨가 그 사람'이라는 말이 생생해진다.

이 세상 모든 글씨가 선생이고 스승이다. 다른 만큼 스승이고 다른 만큼 선생이다. 붓은 이 세상 모든 사람의 글씨다. 붓을 든 사람마다 다른 까닭이다. 모든 글씨는 이 세상에 단 하나밖에 없는 글씨다.

글씨를 쓴다는 것은 이 세상의 '모든 다름'을 공부하는 일이다.

붓은 붓의 길을 안다. 붓을 든 사람을 알기 때문이다. 그 사람이 어디로 가는지 알고 있기 때문이다. 붓은 붓을 든 사람과 언제나 같은 길을 간다. 다른 길을 가지 않는다.

붓을 쥔 사람을 안다는 것은 붓을 쥔 사람과 함께 오래 걸었기 때문이다. 그 사람이 걸었던 길을 기억하고 그 길을 걷는다. 가던 길은 익숙하고 자연스럽다. 그러나 어느 날 붓을 쥔 사람이 낯설게 느껴지면 붓은 늘 가던 길도 멈칫하며 걸음을 멈춘다. 그것은 붓과 사람이 그만큼 떨어져 있던 시간이 길었다는 말이다. 그러면 붓은 사람이 그 길을 기억할 때까지 가만히 기다린다.

붓은 붓을 쥔 사람이 가는 길을 막지 않지만, 붓도 나름 마음이 있어 어느 날엔 다른 길로 슬쩍 빠져보기도 한다. 그러나 이것도 붓을 쥔 사람을 잘 알기 때문에 생기는 일이다. 하여, 그 사람이 갈 수 있을 만큼 벗어난다. 거듭해서 걸었던 길은 이미 잘 기억하고 있으니 다른 길을 나서보는 것이다. 크게 벗어나는 길도 아니지만, 처음 가는 길인 만큼 조심스럽게, 그러나 소풍처럼 설레며 나선다. 그러면 붓과, 그 붓을 든 사람에게 또 다른 길이 생긴다. 그리고 그 길을 서로 잊지 않으려고 붓과 사람은 걷고 또 걷는다. 그리하여 둘에게 또 다른 길이 하나 생긴다.

이따금씩 붓이 붓을 든 사람보다 먼저 걷는 때도 있다. 붓을 든 손보다 붓이 먼저 길을 안다. 절로 알아 걷는 길이다. 붓을 든 사람도 먼저 가는 붓의 길을 굳이 마다하지 않는다. 붓이 자신을 알고 있다는 것을 알고 있기 때문이다.

붓이 붓의 길을 안다는 것은 붓을 쥔 사람을 안다는 말이다. 붓은 아무렇지도 않게 그 사람의 길을 걷는다. 어느 땐 정답게, 또 어느 땐 무심히 걷는다. 붓의 길은 붓을 든 사람의 길이다.

열 번이 넘는 이사를 하며 끝내 버리지 못한 책이 있습니다. 책상 위 손닿는 가장 가까운 곳에 두었던 허름한 이 옥편은 소중한 보물을 안겨줍니다. '운부耘夫'라는 단어입니다. '풀 베는 사내'를 뜻합니다. '서예'에서 '예藝' 자가 가진 뜻을 캐려고 이 옥편을 뒤지다 발견한 글자입니다. 노동과 글씨—예술—를 함께 본 것이 그렇게 좋았습니다. 이 책을 쓰는 아름다운 이유가 되었습니다.

오늘날 서예동네에서 보이는 행태는 넉넉히 창신의 천박을 보여주는 예입니다. "창신을 한답시고 재주 부릴진댄 차라리 법고를 하다가 고루해지는 편이 낫겠다"는 연암의 충고가 뼛속 깊이 울리는 시대입니다. 붓글씨가 가진 품위 있고 빼어난 전통을 덮고 이른바, 대중화란 콤플렉스에 빠져 있다는 것은 안타까운 일입니다. 디자인 글씨와 서예를 함께 취급하는 것도 적절하지 않습니다. 이 책을 쓴 슬픈 이유입니다.

사람이 살면서 말하는 소리를 '모두가' 쓸 수 있어야 한다는 절절한 마음으로 왕이 글자를 만들었습니다. 6백 년 전 일입니다. 이 세상에 이런 글자는 없습니다. 한글뿐입니다. 그래서 한글은 참 아름답습니다. '우리들이 살아가는 소리를 쓰는 것'이 한글서예입니다. 우리가 한글서예를 해야 하는 생생한 이유입니다.

이 책을 내는 풍월당 사람들은 그늘에서 울리는 소리들을 귀담아 듣습니다. 하여, 3년을 넘게 내 방 안에서만 웅얼거리던 이 글이 조금 더 넓은 곳으로 나가서 소리를 내게 되었습니다. 살면서 되도록 꼼꼼히 글씨와 노래로 갚아보려고 합니다.

2024. 상갈, '춤추는 평화'에서, 홍순관

한글서예를 두고
'컨템퍼러리'
라는,

글씨를 쓴다는 것은
글씨와 노는 것입니다
글씨와 놀다 보면 글씨는
노래가 되고
춤이 되고
생각이 되고
그림이 됩니다
그리하여
글씨는 내가 됩니다

1
첫 수다

현대미술과 현대음악에서 종종 나타나는 비판 분노 불안감 허무함 그뿐 아니라, 번뜩이는 재치와 천재적 해학은, 현대를 사는 우리에게 시대정신과 더불어 내일을 읽어볼 수 있는, 때론 어둡고 때론 참신한 상상력을 던져줍니다. 그러나 근대까지의 창작물에 비해, 현대와 동시대를 품고 태어난 작품들 속에서 주제의 다양성과 소재의 발랄함과 함께, 형식의 파격은 종종 발견할 수 있으나, 그 내용을 보면, 인간이 말하고자 하는 범위 안에 있기 때문에, 사실 크게 벗어나거나 전혀 다른 것을 찾아내기 어렵습니다.

현대작품들은 감추어진 것 혹은, 모르는 것을 향한 메시지를 외치지만, 틀에 갇혔다고 진단하는 고전적 작품과 내용을 비춰 보아 정작 별다른 것이 없다는 말입니다. 물론, 예술의 헌신으로 말미암아 사유하는 방식과 철학적 접근은 엄청나게 진화되었습니다. 그러나 현대작품들이 아무리 모던하고 전위적이라 할지라도 혹은, 그럴수록, 인간은 여전히 모르는 것은 모르고, 아는 것도 불완전하며, 오늘도 알아가고 있는 중입니다.

무엇보다… 그것은 유한한 인생인 까닭입니다. 천년을 산다면 고전적이니 현대적이니 하는 개념도 그리 필요하지 않을 테니까요.

현대창작물들은 끊임없이 모호함, 전위성, 탈문화를 고민하며 인류에게 진보적 사유를 외치지만, 인간에게는 자연이라는 무한한 환경과, 상대적으로 인생이라는 유한한 시간이 주어져 있기에, 그만한 메시지로 우리가 완전히 다른 種이 되는 것은 아닙니다.

무릇, 훌륭한 리얼리티는 탁월한 메타포입니다. 충실한 예술들은 대부분 사람들이 애써 감추며, 눈을 감고, 등을 돌리는 현실들을 속속 고발하며 해부합니다. 하지만 어쩌면 도리어 맞닥뜨린 현실들은 우리를 거울처럼 들여다볼 수 없는 벽인지도 모릅니다. 눈에 아주 가깝게 있는 것은 흐릿하게 보이기 때문입니다.

2
두 번째 수다

환경을 염두에 두고, 현대미술 이야기를 잠깐 해볼까요? 그 구체적 행위로 작품이나 전시에서 도리어 환경을 다치게 하거나 망가뜨리는 경우를 봅니다. 작가정신과 현실이 어긋난 경우이지요.

대지미술가Land Art로 불리는 크리스토 부부Christo and Jeanne-Claude의 예를 들어보죠. 세계적 명성과 평가는 이미 넉넉히 거장 반열에 오른 작가입니다. 천으로 계곡을 가로질렀고, 드넓은 들판을 가로지르는 '달리는 울타리'를 설치하고, 플로리다 주 열한 개의 작은 섬들에 천을 둘러 바다에 연꽃을 그리고, 강을 가로지르는 다리에 천을 감싸고, 빌딩을 천으로 씌워 가리는, 화랑을 탈피하고 벗어난 작업을 합니다.

반反문명을 염두에 두고 머무르거나 존재하지 않고 사라지(려)는 이 설치작품은 그 주제와 메시지가 훌륭하다 하더라도, 거기 드는 엄청난 양의 천과, 고난도 작업에서 시도되는 행위들은 환경을 보호하지 않습니다. 거대한 토목공사와 다르지 않습니다. 신랄하게 말한다면, 강과 섬과 바다와 땅을 괴롭히고

망가뜨립니다. 캘리포니아 북부 소노마에서 태평양을 만날 때까지 39.4km를 달려간 천 울타리를 지탱한 것은 2천 개가 훌쩍 넘는 빔—땅에 박은—이었고, 3만 5천 개의 철재 고리였습니다.

당연히 '대지미술'은 자연을 매재로 씁니다. 그러나 그 큰 자연을 인간이 만든 기계로 파고 뚫고 덮고 가리고 쌓아서 작품을 완성합니다. 이런 현대미술에게 오염된 미래는 어떤 평가를 내릴 수 있을까요?

크리스토의 작업을 보면, 초기에는 깡통을, 병을, 사람을, 의자를… 그러다가 자전거를, 오토바이를, 자동차를 천으로 씌웠습니다. 차츰차츰 그 규모가 커져 빌딩을, 다리를, 섬을 천으로 덮은 거지요. 엄청난 크기의 기중기와 인력이 드는 작업으로 스케일이 커졌습니다. 물론, 크리스토의 경우 작업 크기와 규모가 커질수록 '사라지는' 메시지 울림은 넓고 선명했을 겁니다.

꼭 자본뿐만 아니라, 인간은 자신이 하는 일에 더 큰 것을 바라고 또한, 그것을 위해 어느 땐 가리지 않고 애쓰며 집요하게 달려듭니다. 교육을 강조하다 보면 비교육적이 되는 것과 비슷합니다. 메시지가 변하여 폭력이 될 수 있습니다. 내용과 과정이 반비례하는 것이지요.

글씨도 (더) 큰 글씨를 쓰려고 (더) 큰 붓을 만들고 (더) 큰 종이를 마련하고 (더) 넓은 작업장을 요구하게 됩니다. 작품이 크다고 해서 그 울림과 파장이 큰 것은 아닌데도 말입니다. 단순히 크기를 말하는 것이 아니라, 무리하게 변형시키는 기술, 재료, 행위 등을 포함합니다.

다소 비약이 있는 예이지만, 인간창작의 한계를 말하려다 떠오른 생각입니다. 여기서 한계란 보잘 것 없는 범위를 말하는 것이 아닙니다. 도리어 한계를 벗어나려고 늘 무엇인가를 도모하는, 측은하면서도 흥미롭고, 볼만하면서도 고약한… 연민 같은 것이라고 해두는 것이 좋겠습니다.

3
세 번째 수다

서예를 두고 현대적인 시각과 감각으로 진화하려는 시대적 움직임을 심심찮게 만납니다. 중국에서도, 일본에서도, 대만에서도 혹은, 유럽에서도 또한, 한국에서도 그런 시도와 도모함을 찾을 수 있습니다. 당연하고 자연스러운 현상입니다. 그래서 재료와 기술, 표현방법에 있어 꽤 현대적 철학과 감각을 보여주는 작품들도 태어납니다.

사실 이런 시도는 아주 일찍이 있었습니다. 난과 대를 치는 것은 글씨를 쓰는 필력을 염두에 둔 행위였다고 봅니다. 글씨를 쓰다가 지루함과 단조로움에 유희로 혹은, 완전히 다른 장르로 여기며 그린 것이 아니라, 붓의 힘과 인격을 담아 그리는 '획 공부'였습니다. 난을 그냥 난 잎으로 본 것이 아니라, 대를 그냥 대줄기로 본 것이 아니라, 글씨의 획으로 여기며 붓을 움직였다는 말입니다.

이것은 표현력과 함께 시대를 넘어서는 현대적 발상이라고 볼 수 있습니다. 획이라고 하는 문자와 자연을 따로 보지 않았다는 말입니다. 난 잎에 속마음이, 대줄기에 시대상황이 묻어 있기 때문입니다.

현묘한 먹으로 그린 대와 난은 '사람됨의 선'이었습니다. 본형의 실루엣만이 아닌, 잎과 열매와 줄기에 사람을 담고, 시사를 담고, 현실을 담았습니다. 획 하나에 문장의 뜻을 담는 것과 다르지 않습니다. 획 하나에 오늘이 담겨 있는 것과 다르지 않습니다.

물론, 글씨도 유희로 여기며 썼던 서화의 대가들도 많습니다. 스스로의 즐거움보다 더한 것은 드문 까닭이었겠지요. 재미와 장난은 사람이 사는 즐거움에 있어 아주 큰 것이라고 생각합니다. 그러나 이들도 글씨의 정서와, 문장의 뜻과 운이 천박하고 조잡하다면 취급을 하지 않았습니다.

현대 서예가들 중에 획만으로 작품을 구상하는 이들도 있습니다. 획은 글자의 한 줄기이며 잎이며 가지이며 꽃 몽우리입니다. 그러기에 획이 곧 글자일 수 있습니다. 줄기가 잎이 몽우리가 뿌리와 떨어질 수 없듯, 하나하나가 모여 나무 전체이기에 획도 하나의 글자라는 말입니다.

내려 긋는 획 하나에도 의미가 있고, 올려 긋는 획 하나에도 명분이 있습니다. 필의가 있다는 겁니다. 하여, 문장에 담긴 뜻이 아니어도, 노련한 기교에서 보여주는 이야기가 없을 수 없습니다.

한글의 경우, 모음과 자음을 합하여 글자를 만들지 않고 따로 떼어 형상화한 작품들도 종종 보입니다. 현대회화에서도 서예에서도 그런 시도는 많습니다. 현대적이라는 '성姓'을 앞에 걸어두고 다양한 이름을 지었습니다. 해볼 수 있는 짓은 꽤 한 셈입니다.

인간 역사에서 보면, 문자(기원전 4000년경)보다 그림(3만 년 전)이 큰 어른이요, 상당히 앞선 행위였기에 획 하나하나에 어떤 형상과 어떤 뜻을 마음에 두고, 그림 그리듯 썼다는 것은 퍽 자연스러운 일입니다. 그러나 또 역시, 문자라는 문명을 벗어날 수 없는 것이 서예이기에, 문자가 들려주는 역사에 귀 기울이고 시대정신을 보태어 작품을 해나가야 하겠지요.

4
네 번째 수다

(지금) 말하려는 것은, "해 아래 새것이 없다"라는 성서 문장입
니다. '전도서'라는 책에 나오는 이 말의 뜻은 '내가 지금 하는
짓은 누군가 이미 다 해본 것이다'라는, 뻔한 예감을 말하는 것
이 아닙니다. 이 문장은 '(창조 이후) 해가 떠서 지는 자연의 운
행과 질서는 변하지 않았다'라는 말입니다. 옛날에 떴던 해는
오래된 것이고 오늘 뜬 해는 현대적이며, 내일 뜨는 해는 미래
적이라고 할 수 없습니다. 예전에 떴던 해나 지금 뜬 해나 내
일 뜰 해는 같은 해입니다. 한결같다는 말입니다. 우주체계에
서 새로운 것도, 새로울 수도, 새로워질 것도 없다는 말입니다.
원문에 기록된 '새것'이라는 뜻을 가진 '하다쉬'라는 말은, '반
복되는 옛것'을 말합니다. 아침 같은 것이지요. 늘 새롭게 오지
만, 언제나 한결같습니다.

무한한 시간을 가진 자연과 유한한 시간을 가진 인간에 대한
이야기입니다. 예술은 끊임없이 질문하고, 개연성과 유연한
상상력으로 표현하며, 과학이 풀 수 없는 것들에 대해 (신나게)

이야기합니다. 다만, 이 슬픈 인생에서, 지구에 온 생명을, 살았던 생명을, 살아갈 생명을 향해 노래합니다. 닫혔던 귀를 열게 하고, 감았던 눈을 뜨게 합니다.

하여, 창작을 할 때 집중할 것은 그 내용이지, 어떤 다른 재료나, 새로운 기법이나, 특별한 기술들에 무게를 둘 건 아닙니다. 기술을 부리지 않는데도 현대적으로 보인다면 얼마나 근사할까요. 어떤 장르든 나중이 되면 어수룩한 지혜가 슬며시 드러나기 마련입니다.

5
다섯 번째 수다

주 샤오메이朱晓玫는 자신이 태어난 나라, 중국의 큰 스승 노자와 장자를 만나며, 바흐의 〈골드베르크 변주곡Goldberg Variation〉 BWV 988을 숨과 묵상으로 연주합니다. 이 곡은 첫 아리아를 시작으로, G장조를 기본조성으로 하는 서른 개의 변주곡이 이어집니다. 그리고 맨 끝에 다시 첫 아리아를 붙여 연주하고 마칩니다. 독일어로 시냇물, 개울, 강을 뜻하는 이름을 가진 '바흐Bach'는 말년에 지은 이 작품에 제자리로, 다시 여기로 돌아오는 형식을 취했는지도 모릅니다. 그러나 그것은 단순한 돌아옴이 아니라, 샤오메이의 말대로 변모라고 해도 좋으며, 자라남, 거듭남이라고 해도 좋겠습니다. 아리아라는 종이배를 띄우고 시냇물로 흘려보내며 스물아홉 개의 개울―변주―을 지나 다시 떠났던 처음 강으로 흘러듭니다. 흘러간 물이지만 그렇게 다르지 않은 물이요, 다른 물 같으나 한결같은 물입니다. 샤오메이는 노자가 일러준, 그런 '도의 흐름'을 연주합니다.

그녀는 북경의 첫 스승에게, 〈골드베르크〉 연주를 대할 때 가질 이미지와 분위기로 '중용의 덕'을 배웁니다. 타협이 아닌 균형입니다. 샤오메이는 주탑(팔대산인)과 정판교(판교정섭)를 본받는다고 하며, 바흐 선율은 마치 서예와 같다고 했습니다. 주탑의 행서는 자유하나 정갈하고, 아이 같으나 노인 같고, 품위가 넘치나 통속적입니다. 판교의 글씨도 그러려니와 그가 그린 난과 대나무는 슬픈 세상을 노래합니다. 다만, 그 말쑥함과 고그함에 비루함은 보이지 않습니다.

주탑과 판교는 수많은 중국 서화가 중에서도 매우 독창적이며 가장 탁월한 예술가로 꼽힙니다. 은둔과 고독이 두 예술가를 상징합니다. 속세를 벗어난 듯한, 담백한 먹과 붓을 그녀의 열 손가락으로 연주합니다. 관조와 해탈이 피아노에서 연주됩니다. 열한 살에 북경중앙음악학원을 입학하자마자 겪게 된 '문화대혁명'으로 모든 것을 빼앗기며 삶을 잃어갔지만, 죽음과도 같은 현실을 뚫고 꿋꿋하게 살아남은 피아니스트 샤오메이, 그녀가 연주하는 〈골드베르크〉는 그랬습니다.

바흐에 능통한, 20세기 가장 빼어난 피아니스트 중 한 명인 글렌 굴드의 묘비명에는 〈골드베르크〉의 첫 아리아 세 마디가 그려져 있습니다. 그를 세계적 거장반열에 올린, 굴드가 스물네 살에 녹음한 바로 그 곡입니다. 또한, 그의 마지막 녹음도 다름 아닌, 〈골드베르크〉입니다. 그러기에 〈골드베르크〉와 굴드는 떼려야 뗄 수 없는 관계를 맺고 있지요. 그의 〈골드베르크〉는 자못 진지하면서도 단호하고 즉흥적이기까지 합니다. 변주가 거듭될수록 굴드 특유의 손가락모양 입모양 얼굴표정에서 묻어나오는 천부적이며 독창적인 해석은 넉넉히 이 곡의 임자임을 확인시켜 줍니다.

굳이 구분하자면, 굴드의 터치는 제복을 입은 듯 단단하며 샤오메이의 손끝은 물 흐르듯 숨을 쉽니다. 곡의 이미지와 흐름은 전적으로 악보를 떠난 연주자의 해석에 달려 있습니다. 샤오메이는 바흐의 악보 위에 노자를 올려놓습니다. 독일사람 바흐는 중국의 노자와 또 샤오메이와 그렇게 만납니다. 노자는 도가 현묘하다고 했으니, 현묘한 색을 가진 검은건반과 흰건반으로 그 깊고 오묘함을 연주하는지도 모릅니다. 거기에 흰 종이와 검은 먹이 만나는 서예의 세계를 또 얹어 연주합니다. 샤오메이는 바흐와 노자를 만나게 한 후, 서예의 호흡(숨)과 도의 흐름을 〈골드베르크〉에 불어넣었습니다. 그녀는 영혼의 숨을 쉬듯 이 곡에서 서예의 시간을 연주합니다.

6
여섯 번째 수다

춤추는 손에는 우주가 그득합니다. 온 우주를 그림 그리며 춤을 춥니다. 온 세상의 기운이 손끝에서 발끝에서 맴돕니다. 머리 그 위부터 발끝 아래까지 그리고 한껏 뻗은 손끝에서 춤의 바람이 붑니다. 휘익~ 지나가는 바람이 아니요, 머물며 떠나는 바람입니다.

춤과 글씨(서예)는 다르지 않습니다. 숨을 들이마시며 먹을 찍고, 숨을 죽여 붓을 움직이고, 끝나지 않은 것 같은 맺음으로 슬며시 붓끝을 감춥니다. 자연과 우주에 서두는 것은 없습니다. 늘 그러하고 또 늘 그러합니다.

설사 빠른 삐침으로 맺었다 해서 다르지 않은 것은, 그 기운이 살아 있어 여백으로 이어진다는 겁니다. 보이지 않는 여백에서 또 다른 이야기가 시작됩니다. 춤도 그렇습니다. 빠른 몸놀림으로 맺었다 하여도, 그 기운으로 인해 주위 공간에 춤이 남아 있습니다. 다시 연상되어 또 이어집니다. 단절은 없습니다. 서두는 것은 없습니다.

춤추는 이는 텅 빈 공간에 획을 긋듯 몸짓을 하며, 글 쓰는 이는 종이라는 여백에 춤을 추듯 글씨를 씁니다. 붓이 내 몸과 다르지 않은 까닭입니다. 서예와 춤은 숨과 기운과 시간으로 공간을 채우고 또 비웁니다. 서예는 종이 위에서 춤을 추고, 춤은 모든 우주공간에서 움직입니다. 그 여백과 공간을 붓이라는 타이밍과 몸짓이라는 타이밍으로, 아름다운 선으로 비우고 채웁니다.

들판에 벼가 익었습니다. 거기 바람이 붑니다. 그리고 들판과 벼와 바람은 춤을 춥니다. 다 익지 않았다면 저토록 자유한 춤은 없었을 겁니다. 익어서 추는 춤입니다. 춤꾼도 안무와 하나가 되어야 춤입니다. 춤꾼의 손끝에 발끝에 우주가 그득한 것은 사람과 우주를 나눌 수 없는 경지가 되었기에 그러합니다. 들판에 나리시는 비와 햇살과 별빛과 아침바람을 다 받아들인 벼―생명―만이 스스로 유연한 춤이 됩니다. 자연과 하나가 되어섭니다. 그리하여 춤입니다.

글 쓰는 이 손끝의 붓은 그 사람의 마음이 되고 몸이 되고 손이 됩니다. 붓은 그 사람이 되어 글씨를 씁니다. 붓과 몸과 손은 따로가 아닙니다. 생각과 붓과 손이 하나입니다. 그 생각은 세상과 따로가 아니요, 지구의 사정과 따로가 아니요, 이웃의 현실과 따로가 아니요, 이 우주와 따로가 아닙니다. 그리하여 글씨입니다.

춤은 삶에서 나옵니다. 춤에서 보이는 기쁨과 슬픔도 삶에서 나옵니다. 글씨에서 비치는 아름다움도 연민도 모두 삶에서 나옵니다. 쓰는 문장도 글꼴도 삶에서 나옵니다. 사람이 온 길과 갈 길을 알아차려, 오늘 걷는 길과 내일 걸어야 할 길을 붓으로 걸어갑니다. 이것이 내가 생각하는 서예입니다.

7
일곱 번째 수다

자신 없(는 말)지만, 인공지능의 진화가 상상 이상이 된다 하더라도 스스로의 '잉태'와 스스로의 '글씨(체)'는 가능하지 않을 것입니다. 빅 데이터가 낳은 생산물이 창조는 아니니까요. 모방과 입력은 비슷한 듯 보이나, 닿는 곳이 다른 까닭입니다.

… 더 할 말이 (아직은) 없습니다.

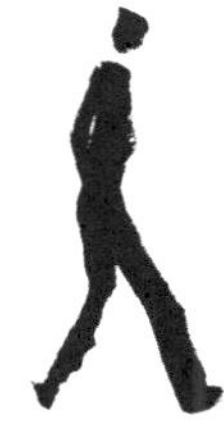

먹만 남다

초판 1쇄 펴냄   2024년 9월 30일

지은이   홍순관

펴낸곳   풍월당
출판등록   2017년 2월 28일 제2017-000089호
주소   [06018] 서울시 강남구 도산대로 53길 39, 4층
전화   02-512-1466
팩스   02-540-2208
홈페이지   www.pungwoldang.kr

편집   조민영
디자인   이솔이

ISBN 979-11-89346-72-0 03600